JN251183

中央大学政策文化総合研究所研究叢書　18

現代社会の変容による 人間行動の変化について
消費行動の変容を中心として

大 橋 正 和 編著

中央大学出版部

序

　日本は，産業革命以降進展していた工業化社会の中で 20 世紀の後半工業化による経済の高度成長により 80 年代には経済大国と呼ばれるようなり世界の尊敬を集めた．日本の工業製品の品質は世界でもトップクラスで製品に対する信頼により日本という国そのものも尊敬を集めた．しかし，バブルがはじけるとともに日本の高度成長は止まりその後の長い停滞期を迎えることとなった．一方東アジアの諸国は，日本の成功モデルを見習い経済の成長が国を富ませ国民の生活を豊かにする近道であることを学びその道を模索した．中国は，改革開放路線により工業化を推進し，シンガポールは，ICT による社会の発展を目指し，韓国，台湾も同じ路線を模索した．1997 年に，アジアの金融恐慌が起こり中央銀行が破綻したり，対外債務の回収が出来なくなるなど経済発展を目指していた東アジアの多くの国が大きな影響を受けた．しかし，この恐慌のおかげで金融の自由化や欧米並みの金融制度の導入が行われ旧態依然たる物であった金融制度や規制が一新された．この時代，製品のデジタル化や，インターネットなどの ICT 技術が社会へ大きな影響を及ぼし始めた時期でもあった．東アジアの多くの国は，恐慌の翌年から高度成長を始めた．

　残念ながら日本は大きな影響は受けたものの金融制度は改善されたが劇的な変化を遂げるほどではなく旧来の制度や規制がそのままになり 21 世紀になってからの東アジアの国々の急速な発展をともにすることなく現在に至った．

　しかし，90 年代からの 20 年間経済環境の悪い中日本の産業は決して手をこまねいていたわけではない．まず，省エネルギー技術や環境技術を開発し世界でもトップレベルの社会を築いた．しかし，多くの企業は，競争の激化によりより安い労働力を求めるようになりその活路を海外への工場進出とい

う形で外国へ直接投資をするようになった．最初は，大企業から始まったが東アジアの諸国が経済発展をする中で中堅企業の多くも海外進出するに至った．その結果現在では，トヨタ，キャノン，日産，コマツといった日本を代表する企業の多くの売り上げの70％以上が海外になっている．企業にとっては，生き残りのためと利益追求という株式会社の戦略として当然のことである．これによって，会社にとってはヨーロッパの諸国で起こっているような移民の問題も回避したと言ってよい．しかし，企業の存続やグローバル化にとってはよいことであっても，日本に住んでいる人にとっては技術の流失や雇用の機会が失われることを意味しすでに対外資産は250兆円を超えていると言われる．近年では，団塊の世代の定年退職者や定年間近な人で技術力や経営能力があるなどの優秀な人材を数年間住居付きの高給で迎えるアジアの国がでてくるなど日本政府の政策のまずさ（貧しさ）もあり技術流失や人材流失が止まらない状況にある．北欧を中心とするヨーロッパの諸国は，Ageプロジェクトをすでに始めており健康を維持して生涯働く機会を提供するような政策が始まっている．そのために医療の基本方針が，病気にならない医療に切り替わっており，病気を治す医療の日本とは大きく異なる．さらに，定年後週3〜4日間自由な職種・就業形態で働くことにより若年時からのワークシェアが推進されている国も多く両者がマッチングすることにより，高齢者にもより柔軟な働き方を実現している．オランダのように，正規雇用者，非正規雇用者，パートタイマーの賃金が同一で複数の職種を同一人が実践出来る国もあり，警官や教師と行った職種も例外ではない．さらには，働き方の柔軟化も進んでおり，米国のように，フレックスタイム，在宅勤務等の就業形態の多様化が進み，勤務方法もテレワークやモバイルワークといった様々な就業形態を実現している国もある．米国では，2001年から連邦政府の在宅勤務が始まっており，その意義に，1. 危機管理，2. CO_2の削減などの環境対策，3. 生活の豊かさを掲げている．いずれも持続型社会を目指すワーク・ライフ・バランスの考え方に基づいており人材の多様性や多元性を考慮するダイバーシティの考え方に基づいている．20世紀の工

業化社会から 21 世紀の新しい社会が目指す「多元的な社会」の考え方に基づいている.

　本叢書は，政策文化総合研究所の研究プロジェクト「日中における消費行動の変容に関する研究」(2012 年度, 2013 年度) の研究成果を取りまとめた成果報告として計画され次の 3 つの研究テーマに関して研究が実行された.

1. デジタル化や情報社会が人間行動にどの様な影響を与えているのか大震災や知識の形成過程などの現代社会の変容の基盤研究
2. 消費者行動モデルや消費行動における情報の認識やデジタル化の影響等に関する基礎的研究
3. 日本と東アジアとの情報特に Social Media の利用に関する比較研究

　本書では，研究員の諸氏の協力の下，主として研究テーマの消費に関する研究を中心として研究成果をまとめ研究所叢書として発刊するものである.

　皆様の研究の参考になれば幸甚です.

　　2014 年 12 月 24 日

　　　　　　　　　　　　　　　　　　大　橋　正　和

現代社会の変容による
人間行動の変化について
消費行動の変容を中心として

目　　次

　　序

第1章

情報社会における消費の理論的考察

大　橋　正　和

は じ め に

　消費は，脱工業化社会の重要な行動特性として位置付けられた．工業化社会におけるモノ中心の社会から消費社会へ変容したことによりそれを消費する人間の行動に焦点が当たるようになった．初期には，規格大量生産品の消費が中心であり所得が増えるにつれて様々な大量生産品を消費することにより「豊かさ」を実感していた．大量消費社会が進展するにつれ消費の行動モデルや理論的考察が行われるようになった．この章では，モノから人間中心の時代への変容を踏まえて消費の理論的考察として記号論的消費の考え方，リースマンの時代の考え方，ポスト脱工業化社会としての情報社会, 非物質資産の消費――アクセスの考え方――, 遊びと模倣と消費――遊びとゲーミフィケーション――，これらの変容の主な考え方の基礎となる「個の論理」の推進について考察する．

1．消費の記号論的考察

　20世紀の工業化社会では，大量生産システムにより作られたモノを消費することが豊かさの象徴であった．いわゆる規格大量生産品が右肩上がり

で伸びていった収入と共にモノの消費によりモノが世の中にあふれた時代であった.

　しかし, 大量生産システムを実現したＴ型フォードは, 1927年に生産中止となった. そのきっかけを作ったのが, GM（ジェネラル・モータース）のハーリー・アールによる「自動車は見かけで売れる」というモデルチェンジの概念によるデザインと広告にクレジットを結びつけた新しい販売形態の開発によって単なるモノの大量生産としての自動車から「消費者の感情と動機と欲望に敏感な」欲望の対象としての自動車へと変容させたことが大きく影響している. さらに, 階級意識と顕示欲を刺激し, 平社員はシボレー, 課長などの中間管理職はオールズモビルやポンティアック, 部長はビィック, 重役はキャデラックといった買い換えの階段を一段一段上ることでさらなる豊かさを感じるようにした. 日本でも, 自動車であれば何でも良かった時代から, 初めはカローラ, 中間管理職はコロナ, 部長クラスは, マークⅡ, 重役はクラウンという出世の度合いに応じた車種を選択するようになり, 「いつかはクラウン」というようなコマーシャルも放映された.

1-1. 記号的価値

　スコラ哲学以来伝統的な記号の定義は, 記号＝「何かの代わりにある何か」であり, 記号は代替物であり言語道具説によれば, 記号とは記号の外にある何らかの対象や現実を表す（＝再現する）人間の思考や意識の伝達道具であると考えられる.

　記号の意味するところとしてパウル・クレーは, 創作についての信条告白で「芸術は見るものを再現するのではない. 芸術は, 見えるようにするのだ.」すなわち, 「見える」と言うことを造形活動で引き起こすことが重要で実体としての対象を再現することではない. 記号は意味するようにする（有意にする）ことであり「記号は, すでにあるものを表すのではない. 記号は意味するのだ.」

The sign signifies.

「意味する（signify）」という出来事や事態を生み出すことが「記号（sign）」の特性である．

ソシュールとパースは，記号の内的活動を意味作用に求めて 20 世紀の新たな知として記号を内側から記述し記号現象の内在性を内的言語学として捉えた．パースは，「記号過程（semiosis）」として考えソシュールは「システム」として記号学を考えた．

ソシュールの記号学

言語は，「観念を表現する記号のシステム」として観念を表現するものを意味作用として考え「言語記号」の「意味作用」がどのようなメカニズムであるかを研究し「言語は記号のシステムである」ことを主張した．

言語記号は，意味する（シニフィアン・記号表現・音響イメージ）と意味される（シニフィエ・記号内容・概念）に分けられると考えた．例えば，木は，ki という音声と木の観念の組み合わせであるとした．

差異と文節

分節（articles）とは，差異により区切られた単位で「言語には差異しかない」として概念的差異と音響的差異に分けられる．隣接領域と観念の差異として ki —木，mori —森，hayashi —林，mokuzai —木材，tetsu —鉄日本語で「木」，「木の箱」，「木の机」の木は，記号で材質を表すがフランス語では材質はむしろ「林，森」で表す．

関係づけと形式化では，言語は精神的実体としての観念でもなく，物理的実体としての音調でもないと考え，その間を関係づける形式であるとした．記号とは，2 つの異質な次元の間に結ばれる関係性の形式であり対立と差異による要素間の関係，分節化された全体と部分の関係である．

1 つの要素は孤立化したものではなく他の要素とのネットワークの中におかれることにより他のすべての要素との差異に基づく相対的な価値しかもてない関係である．システムが作り出す関係性の相対の仕組を構造　（la structure）として理解する．要素論的な分析と機能的な抽象によって対象（=

客体）の本質を捉えることとは異なり現象がどのような関係性のシステム
で成り立っているかを理解することが重要である．推論と経験による実証
的な方法から関係性のモデルに基づく方法へと思考を変化させることが知
の方法である．

1-2．構造について

　記号について述べた後に構造について考えてみる．まず，1つ1つの要
素は孤立化したものではなく，他の要素とのネットワークの中におかれる．
関係とは，対立と差異による要素間の関係，分節化された全体と部分の関
係であり，他のすべての要素との差異に基づく相対的な価値しかもてない
関係である．ここにおいて，構造（la structure）とは，システムが作り出
す関係性の相対の仕組であると考える．構造として理解は，要素論的な分
析と機能的な抽象によって対象（＝客体）の本質を捉えることとは異なる．
中世以来の西洋科学哲学の根本原理である要素還元主義の考え方と決別し
（19世紀に決別したはずだが），現象がどのような関係性のシステムで成り
立っているかを理解することである．知の方法の問題は，推論と経験によ
る実証的な方法から関係性のモデルに基づく方法へと思考を変化させるこ
とと考えられた．

　構造主義（le structururalisme）は，人間の意味活動の理解としての記号
現象を次の様な4つの視点から考えた．

　1．差異による分節のシステムの画定
　2．意味の単位をなすかたちの次元の編成原理の同定
　3．意味単位の現働化のメカニズムの解明
　4．記号の布置としての意味の出来事の記述

1-3．ロラン・バルトの記号論

　ロラン・バルトは，記号論としてのシステム化・体系化を行った．しか
し，体系化したものでは言えないことがありその漏れる部分が重要である

ことを指摘した．皮膚感覚が重要であることを指摘し「声の地肌」に密着したものと呼んだ．ソシュールがシニフィエ（概念）とシニフィアン（音響イメージ）に分けたモノの中で相互に結びつくことをテキストの意味と呼び意味が構造的に捉えられると述べた．また，「テキストの快楽」として様々な意味でくみ取り唯一の真実に到達するのではない，すなわち1つに収斂するわけではないことを述べ「声の手触り」と呼び触覚が重要であることを指摘した．

・ロラン・バルトのモードの理論

ロラン・バルトは，記号論の立場から消費の形態として「モード」という概念を考えた．消耗のリズムをuで表し，購買のリズムをaで表す．

消耗のリズムと購買のリズムがバランスしているときはモードが存在しないとした．

u=a　消耗したら買い換えるといった状態ではモードは存在しない

u>a　消耗のリズムが購買のリズムを上回っている状態を貧困状態

u<a　購買のリズムが消耗のリズムを上回っているとき「モード」が存在

まだ使える状態であるにもかかわらず着物や自動車を新しいモノに買い換える状態を指している．

2. 差異としての記号——ボードリヤールの消費社会

これら消費社会を研究したボードリヤールは，「物の体系」「消費社会の神話と構造」で消費は，物＝モノ（object）をつうじた言語活動（langage）であることを主張した．「コーヒー・ミル」を例に取るとその本質要素は，「豆をひくこと」でデザインは，非本質的要素である．しかし，実際には，非本質的要素が「物の体系」を支配し，消費対象がモノの意味作用で機能

からの解放が行われていることを示した．すなわち，ラング（langue）「本質的要素＝技術的要素」からパロール（parole）「非本質的要素＝社会的心理的要素」への重心移動をしたことを示し，さらに，消費は現代人の最も重要な行動で使用価値を消費する段階を超え「自己を他者と区別する」（差異化する）記号としてモノの価値を消費する時代であることを示した．消費が，財とサービスとして差異化の記号として示された．

消費のシステムが豊かな社会を形成しモノを消費することで「豊かさ」を実感した時代であった．豊かさとは，消費することであった．

しかし，21世紀になって人間中心の社会に変容すると必ずしも人々がモノを消費することに熱心でなくなりモードの理論が成立するとは限らなくなった．

3．時代の変容——リースマンの「孤独な群集」

20世紀の間，時代の何が変化したのだろうか？

1950年に社会学者のデビット・リースマンは，「孤独な群衆」を著した．この本は，専門書として100万部を超えた売り上げを示した古典とも呼べる社会学の著作である．リースマンは，社会がもつ社会的性格を3つに分類し論じた．

第1の社会，農業社会は，家族や氏族中心の伝統社会でその中では，慣習などの伝統に同調，恥をかかず無難に生きることを旨とする伝統指向型の社会であることを示した．

第2の社会は，工業化社会で，ルネッサンス，宗教改革，産業革命を経て成立したこの社会では職業に献身することが望まれ，出世することを目指すことが重要だという農業社会とは異なる新しい社会的適応様式をもちその性格形成にはウェーバーや「プロテスタント」が示したような時代を形成し，内部指向型の社会であると論じた．

　第3の社会は，脱工業化社会で生産の時代から消費の時代へと変容し第3次産業の増加が顕著となる．この時代は，他人指向型の時代で，物との対峙から他人との対峙により生きてゆかなければならないため，物質的環境より人間環境が重要となり，他者（友人，同輩，マスメディア等）を気にする時代である．

　リースマンは，「他者からの信号にたえず細心の注意を払う」「人が自分をどう見ているか，をこんなにも気にした時代はなかった」と書いた．

　工業化社会の内部指向型も評判を気にし，衣服，車，カーテン，銀行の信用等に気を使ってはいた，他人指向型の社会（脱工業化社会）では，外見的な細部ではなく他人の気持ちをことこまかく斟酌することが重要であると考えこの時代のキーワードは，「不安」と書いた．農業社会のキーワードは，「恥」．工業化社会のキーワードは，「罪」であると論じた．

　脱工業化社会では，工業化社会と異なり他人から目立つことを避けるが競争を行うときには，限界的差異化（marginal difference）競争を行う．リースマンは，「内部指向型の人間の場合には生産の領域，そして二次的には消費の領域におどろくべき競争的エネルギーが放出されていたのであるが，現代社会にあっては，そのエネルギーは同輩集団からの承認を得ようとする不定型な安全確保のための競争に使われているように見える．しかし，その場合の競争というのは，承認を得るための競争である．そしてこの競争はその性質からして，あからさまに競争的であってはならない．このようなわけで私は「敵対的協力（antagonistic cooperation）」という言葉がこうした事態を説明するのに適切であると考える．」と記述している．子供たちの読書などメディアへの接触でも，伝統指向型での読書は大人の語り手から話を聞き，内部指向型の時代の読書は孤独であったが，他人指向型の場合はメディアを利用して共同体的で自分たちが一緒だという感じをもち仲間が周りにいるのだという意識がつきまとうと述べている．「内部指向型の特徴は「野心」であり，罪の意識を感じるのは失敗したときであり成功したときではない，敵対的協力の場合は，目標は重要な物ではなく，

重要なのは「他人たち」との関係なのだ.」「自分が成功することに一種の
罪の感情を抱くし,また他人の失敗についてなんらかの責任感をすら感じ
てしまう.」「仲間集団は,比較的独立した基準をそれ自身がもっており,
それによって限界的特殊化を確保するのみならず,メディアに対する関係
においてかなりの自由を持つことができる.」

当時としては珍しくサブカルチャーである漫画本について詳しく述べると
共に,仲間集団との同調性とそこからの独立についてもマスメディアの影
響について詳しく分析している.

　リースマンは,それぞれの時代の人間を3つのタイプに分類した.

　「適応型」,「アノミー(不適応型)」,「自律型」である.「内部指向型」の
アノミーは,「ヒステリーないし無法者」であり,「他人指向型」のアノミー
は,「感情喪失と空虚な表情」であると論じた.その中で,社会規範に同
調する能力をもちながら同調するかしないかの選択の自由をもっている
「自律型」の重要性を示した.特に,他人指向型社会の中での自律型の形
成は,「仕事や遊びでの人格過剰化をひかえることから始まる」と述べて
いる.

　さらに,他人の趣味・嗜好をたえずかぎわける能力が重要で,「他人」
の短期的な趣味に強い興味を示す.そして,あまり多くを消費しすぎて,
他人の羨望の的になるということを避け,あまりに少ない消費で,かれが
他人を羨望の眼差しで見なければならないようなことも避ける.

リースマンが指摘した様な脱工業化社会は,米国では1950年代後半から,
欧州では1960年代後半からの大量消費社会から始まってはいるが,第3
次産業が社会の主要部分を占めるという点では,現代に近い時代であると
言える.1980年代以降消費の中心が規格大量生産品の消費から個性的な
消費に移行し,さらに1990年代以降の情報化が本格化した時代に当ては
まると考える.それに至る時代は,工業化と規格大量生産品の消費が併存
した時代であり大量生産により社会を構成していたと考えられむしろ21
世紀になって「他人指向型」が顕著になってきたと考える.

リースマンの「孤独な群衆」を翻訳した加藤秀俊は,「10年後の日本の経済社会」(1965) と題した文の中で,都市化や価値観の変貌―物質主義からの脱却に言及し,「増大する"こと"への支出」として旅行を例に挙げ,「数日間のある種の精神的・心理的な快感を味わうことができたというその"こと"に対して金(かね)を払う」というような経験や姿・形のない"こと"にお金を払うようになることを予測している.「物質的合理主義がある程度のところへいけば"もの"以外のある種の精神的価値,精神的満足を与えてくれるような価値に対して金(かね)を払う姿勢がでてくる.」

現代では,日本において若い世代の人々のノイローゼやうつ病などが増え,若い人々が外国などの外部へ積極的に出なくなり,自動車に興味を失っているのも「他人指向型」の現れであると言える.現在では,若者,特に東京での免許取得者は,自動車に興味がなく50%台に落ち込みつつある.20年以上前の若者の余暇の過ごし方のトップは,「彼女をさそってドライブ」というのがトップであったが現在では,ドライブは,ベスト20に入っていない.現在の余暇の過ごし方のトップは,「自宅でうだうだしている」ことであり他人指向型の社会特に人間関係中心の社会に疲れているかもしれない.現代のクルマはワゴン車などの実用車が中心で魅力が無くなったことも原因のひとつであり,環境問題などマイナスなイメージが大きくなったのかもしれない.

ボードリヤールは,「消費社会の神話と構造」の中で,「現代の疲労には,原因がない.それは筋肉の疲労や体力の消耗とは無関係だし,肉体の酷使のせいで生じるわけでもない.もちろん精神的消耗やうつ状態や心理的原因による全身疲労などがいつも話題になっているのはたしかで,この種の説明は今や大衆文化の一部となり,どの新聞でも(そしてどの会議でも)取り上げられている.」「消費社会の主役たちは疲れ切っている.」と書いている.皆,疲れているのかもしれない.特に日本社会の若者たちは,野心も目標もなく限界的差異化競争にも人間関係にも疲れ切っているのかもしれない.

第3次産業が中心になると，その産業の性格から人間関係が重要になり，ビジネスが成立するのが大勢の人が住む都市であり，都市への人口集中が起こる．

第1次産業：農業，漁業，林業，第2次産業：鉱業，建設業，製造業，に対して，第3次産業は，電気・ガス・水道，運輸・通信，流通，金融・保険，飲食，不動産，サービス業であり人口が集中している都市特に情報や交通の大きなハブをもつ大都市が向いていることがわかる．日本では，都市とその周辺に人口の多くが集まっており，特に東京圏への一局集中が起こっている．東京の都市部には，実に3700万人近くの人口が集中している．

都市の大きさは，べき乗則に従うことが知られているが，行政区画ごとに比べても2位の横浜市，3位の大阪市などと比べてべき乗則で比較するには，東京は区部のみで十分であり全都の人口はべき乗則を大きく外れて異常な値を示している．

4．情報社会――ポスト脱工業化社会

消費社会が有形の財であるモノを中心として展開していきやがてそれが記号化していく過程は，ネットワークが発達したデジタル時代になると「所有」から「アクセス」の時代すなわち非物的な財が価値をもち，購入，所有，蓄積といった行為からアクセスの経済というべき現象にとって代わるとジェレミー・リフキンは，「エイジ・オブ・アクセス」の中で述べている．アクセスの経済の中では，無形の時間や知識，文化ばかりでなく有形のモノも形を変えてアクセスによるビジネスモデルへと変容していきネットワークと相互接続の環境の中で新しい状況が生まれている．

常に人と対峙して暮らす状況が日常化して仲間集団との同調性を気にする時代にはSocial Mediaはまさにうってつけのツールであり単なるネット

ワークではないのである．リースマンの言う脱工業化社会では，第 3 次産業が産業の中で多くの位置を占めるのが消費社会であると考えられる．それでは次の時代にはどのような社会になるかと言えばインターネットの普及率が人口の主要な部分を占めるような社会である情報社会であると考えられる．

4－1．バーチャルからシミュラークルへ

　ネットワーク上特にインターネット上の世界を表すのにバーチャルという言葉がよく使われる．一方では，複製芸術に関する考え方があった．ベンヤミンは，アドルノらの文化産業論に先立ち「複製技術時代における芸術作品」を著し，石版から写真，映画に至る複製芸術の発達について考察している．芸術の本質は，「いま」「ここ」にしかない一回性であり，複製は芸術のアウラを消失させる．アウラの根底は，芸術の儀式性にあり，複製芸術は，美の基盤としての儀式的な一回性から切り離していくことを論じた．これにより美の準拠枠は，「礼拝的価値」から「展示的価値」へと重心を移す．この変化に文化的創造性を大衆の側に奪還する可能性を示し，はじめは，巨匠の複製から始めるが，やがて無数のアマチュアや普通の人々が，複製技術をコミュニケーション手段として用いて作品を創造する主体となる可能性を示唆した．これは，考え方によっては，デジタル技術により制作コストの低減と特別な設備に依存しない仕組みができた現在の Social Media の出現を予感させるものである．

　さらに，20 世紀後半の「ポストモダンの考え方」では，

1．芸術が特権的な立場に立つことの否定と，芸術と日常生活の境界のあいまい化

2．強いメッセージ性の排除と鑑賞者による解釈や参加の余地を重視する創作態度

3．オリジナリティへの疑いと模倣（パスティーシュ）や引用，貼りつけ技法（コラージュ），折衷的表現の容認

4．反機能主義と，機能主義に抑圧されていた情緒性，遊び心，空想，ナンセンスの復権

などが訴えられた．

ポストモダニズムの論点として，

1．大きな物語の解体，すなわち社会を統合する基本理念の弱体化傾向の指摘（リオタール「ポストモダンの条件」）

2．既存の哲学・思想の脱構築，すなわち既存の哲学や思想が普遍的なものではあり得ないことを具体的に暴く作業（デリダ）

3．社会を統制する権力が，規則に基づく統制から情報による管理へと変化したことの指摘とその分析（フーコー，ドゥルーズ）

4．情報環境の変化による，シミュラークル（模倣ないし複製されたもの）の製作の活発化と，それによる文化変容の分析（ボードリヤール）が議論された．

リオタールは，大きな物語すなわち共通の理念や倫理といったものが解体したことを主張した．「現代では諸科学を支える共通の倫理や理念（大きな物語）が不在になり諸科学が方向の定まらないままに研究を進めている．」「共産主義に代表される政治的イデオロギーの弱体化や，市民生活における共通価値の喪失」すなわち，共通の理念や共通価値の喪失によりリースマンが主張したような「他人指向型」社会での「不安」を増長した．

ポストモダン的文化としては次の3点が挙げられる．

1．脱合理主義……人々は近代社会に特徴的な合理主義的価値観を嫌うようになり，非効率的，非合理的な行為に意味を見いだすようになった．

2．脱構造化……近代社会の文化的統合が弛緩し，人々を拘束していた価値観や規範が流動的になると共に，人々を区分していた境界もあいまいになった．

3．シミュラークルの優越化……創造性やオリジナリティを重視した近代の価値観に反して，膨大な量の模倣や複製化が行われるようにな

り，その文化的意義も増大した本来の「ポストモダン」とは，「大きな物語への不信」よりは「新しさへの信仰への不信」といった意味合いで，建築家のチャールズ・ジェンクスが「ポストモダンの建築言語」(1977) の中で「近代建築がその最終ユーザーとコミュニケートできなかった」，「プロフェッショナルな要素とポピュラーな要素，新しい技術と古いパターンの両方をベースにした建築」を「ポストモダン」と名づけたことから始まっている．

　ボードリヤールは，彼の論じた消費社会の進展をシミュレーションの時代と呼び，デザイン化された物は，シミュレーションのモデルとして我々の目の前に現れた，「デザインの操作」により，モノそれ自体が差異化し記号化される段階であり，この様な時代をシミュレーションの時代と名付けた．

　時代と共に3つの領域として，示した．

　1．模造（contrefacon）ルネッサンス——産業革命
　2．生産（production）産業革命以後の「アウラの消滅」をした大量生産品は常に複数制を伴うと共にどれがオリジナルかわからない，「オリジナルの不在」を現出した．
　3．シミュレーション（simulation）

　ボードリヤールは，「表象」（representation）と「シミュレーション」の根源的な差異として，表象は「再もしくは現前」という語意を含み，目の前の現実を別の場所で再現する現実を反映する記号であるとした．すなわち，現実が先に存在し，その後現実に似せて表象を作成するということである．ところが，シミュレーションは，現実の存在を前提としていないと考えた．

　これは，オリジナルとコピーという二項対立を乗り越える考え方で，現実とイメージの関係を4段階に分類した．

　1．奥行きをもつ（三次元の）現実の反映としてのイメージ

2．奥行きをもつ現実を覆い隠し，変質させるイメージ（表象からシミュラークルへの移行）

3．奥行きをもつ現実の不在を隠すイメージ

4．どんな現実とも無関係な，純粋なシミュラークルとしてのイメージ

第4段階のシミュレーションの時代のイメージは，「何かを覆い隠す記号」から「何もないことを覆い隠す記号への移行」としてラテン語を語源とするシミュラークル（simulacre）と名づけた．シミュラークルは，「異教の偶像」という意味で存在しない不在の神々の「似姿」を表し，「現実」の模造から生産をへてシミュレーションへと至る複製技術の指数関数的な発展の果てに，自立した場面としての性格を失いシミュラークルに置き換えられてしまう時代の到来を予告した．

この様な状況の中でボードリヤールは，「理性」，「主体」等の原理が，消費社会では現実性を失ってしまい，新しさが「進歩」であるという近代起源の強迫観念が信じられなくなった．現実そのものを思想(＝理想)によって変革し改善することで進歩がもたらされるとした歴史的「近代」を過去の遺物としハイパー現実の可能性を示唆した．彼は，「モノやサービスや物的財の増加によってもたらされた（過剰な）消費と豊かさ」と「人類の生態系の根源的な変化」を地球規模での消費社会化の進行が飽和状態をもたらした．社会の新しい段階として4段階を考えた．

1．自然的段階（前近代）

2．商品的段階（近代）

3．構造的段階（ポストモダン　近代後期の意味）

4．価値のフラクタルな段階

二項対立の無効化により，肯定的なモノ，清潔なモノのみを受け入れる様な社会は，人間は重大な危機にさらされるとした．清潔なモノのみを受け入れている社会では，免疫不全が自己免疫性の低下という危険を導き，肯定的なモノのみを受け入れているとウイルス的な悪（＝病）により致命的に犯されることを，「透きとおった悪」と名づけた．この様な現実では，

「差異」から「他者」へのシフトが起こり，差異自体のハイパーリアル化が，記号的差異として普遍化されたソフトなシミュレーションが，反抗的な否定性を追放，従順な肯定性だけを維持する管理社会として現代を表した．

5．非物質資産の消費——アクセスの考え方

　ネットワークが社会に普及してモノが一通り普及した成熟した社会では，モノばかりでなく知的資産のような非物質的存在やサービスなどが社会の中心に位置する様になってきている．モノは，技術進歩の早さや製品寿命の短縮などから購入，所有，蓄積といった従来の消費の意味がなくなりつつあり，非物質的存在が経済の中心になりつつある．勿論生活する上で必要なモノは，消費の対象となるがロラン・バルトが提唱したモードは，モノに対しては存在しなく成りつつある．このような時代をジェレミー・リフキンは「エイジ・オブ・アクセス」の中でアクセスの経済と呼んだ．リフキンは，文化的資産や体験へのアクセスすなわち，世界旅行や観光，テーマ都市やテーマパーク，観光向け娯楽センター，ファッションとグルメ，プロスポーツやゲーム，ギャンブル，音楽，映画，テレビ，仮想空間や電子的仲介による娯楽が重要であるという知的資産，コンセプト，アイデア，イメージなどの非物的存在が経済の中心になると考えた．従来は，知的資産や社会的資源などは媒体を通してしか交換されることがなかった．工業化時代時代は，天然資源が重要であったが現代では文化資源が重要で家族関係の領域外の活動や体験にお金を払い，他者の時間や関心や嗜好に着目して，通信（communication），親交（communion），商業（commerce）は区別がはっきりとしなくなった．また無重力の経済として所有の足かせから解放されたビジネスも登場している．ナイキは，スニーカーメーカーであるが高度なマーケティング手法と流通機構をもつデザイン研究スタジオであり工場，機械，設備，不動産などはなく東南アジアに広範囲なサプ

ライチェーンをもちビジネスを行っている．伊藤園もほぼ同じ無重力の経営で，ペットボトル入りの冷たいお茶や温かいお茶を開発し販売方法も含めた新しいビジネスモデルを提供したが農園や製造工場をもっていない．

スニーカーやお茶のペットボトルといったモノを販売していてもそれを作り出す組織は所有の足かせから解放されている企業としてビジネスを展開している．無重力の経営とも呼ばれる．

6．遊びと模倣と消費——遊びとゲーミフィケーション

最近ゲーミフィケーションという言葉をよく耳にするようになった．前項のボードリヤールのシミュラークルで取り上げたように，現実をシミュレーションするのと，現実にないものを模擬したシミュラークルではその存在に大きな違いがある．ゲーミフィケーションの多くは，シミレーションとシミュラークルでありそれに埋没する仕組みは「遊び」の考え方に関係する．

模倣については，タルド，ベンヤミン，アドルノ，カイヨワなどが論じている．ベンヤミンやアドルノについては，大学の講義でもよく取り上げるのでここでは「遊び」について特にカイヨワについて論じる．日本人は，遊びが下手であると言われる．遊ぶことにどこか罪悪感すら感じている．働くことが美徳である事が推奨される．これは，リースマンが「孤独な群集」の中で工業化社会の特色として提起したことでもある．すなわち，日本のこの意識は，社会が工業化時代に取り残されているように思える．

カイヨワは，その著「遊びと人間」の中で次の様に述べている．
「収穫も，製品も，傑作も，資本増加もない．
遊びとは純粋な消費——時間の，エネルギーの，創意の，技倆の，そしてしばしば金銭の消費——の機会である．」ロジェ・カイヨワ（遊びと人間）

　ロジェ・カイヨワは，遊びについて次の4つに分類した．（『遊びと人間』）

アゴン（競争　ギリシャ語：競技（試合））

アレア（偶然　ラテン語：ギャンブル・運）

ミミクリ（模倣　英語：演劇，ゲーム）

イリンクス（眩暈　ギリシャ語：渦巻き，ブランコ，スキー）

　さらに，4つの分類を横軸にし，パイディア（ギリシャ語：遊技）からルディス（ラテン語：競技，試合）までの区分を縦軸にして遊びを分類した．4つの分類の中身を遊戯性が強いものから競技性が強いものまで分類した．

　さらに，社会を脱所属としての計算の社会（アゴンとアレア）と脱自我としての混沌の社会（ミミクリとイリンクス）で説明しようとした．

　また，遊びの概念について6つに分類した．

　1．自由な活動

　2．隔離された活動

　3．未確定な活動

　4．非生産的な活動

　5．規則のある活動

　6．虚構の活動

これに対してホイジンガは，次の5つの定義で示した．（『ホモ・ルーデンス』）

　1．自由な活動

　2．必要や欲望の過程の外

　3．日常生活から区別された空間や時間の中にある

　4．不確実性（緊張の要素が必要）

　5．固有の規則をもつ

カイヨワとの大きな違いは，6の存在である．

　消費社会が，モノの消費により豊かさを実感することが目的であったのに対してカイヨワが言おうとしているのは，客観的な構造や記号から主観的な意味の付与という行為により消費が影響を受けるということである．

図1　遊びの分類

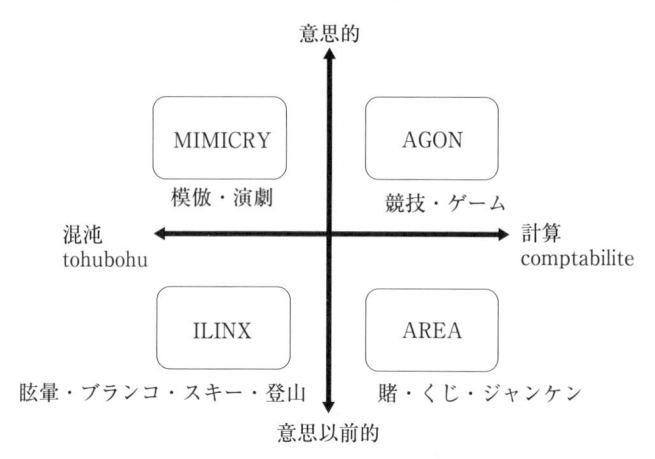

出所：著者作成.

すなわちマスメディアによる客観的と呼ばれた情報からブログやソーシャルメディアの口コミやフィードバックにより様々なモノに個人が主観的に意味づけをするようになっていることを意味する．消費としての遊びやゲーミフィケーションの行き着く先は，ジョルジュ・バタイユの「蕩尽」なのかデジタル時代に人間らしさを取り戻し人間の知識を増大させることなのかは今後の社会の在り方に待つことになる．

7．現代社会の変容について──個の論理の推進

7-1．社会の存立の4つのフェーズ

　一方，社会の変容はより個性化するとともに，より多元化，多様化している．（大橋，2014）

　ドイツの社会学者，フェルディナント・テンニースは，産業革命後の近代国家では，共同体「ゲマインシャフト」から社会体「ゲゼルシャフト」へと移行したことが言われた．すなわち人格的な関係 personal から近代

国家，都市，会社といった機能組織体としての脱人格的な関係 impersonal に移行したと言っている．

　見田宗介は，さらに意思的：自由な意思による関係 voluntary と意思以前的：意思以前的な関係 pre-voluntary を付け加え社会を4つのフェーズに分類した．

　共同体 community（＝即自的な共同態）伝統的な家族共同体，氏族共同体，村落共同体，宿命的な存在として存立

　集列体 seriality（＝即自的な社会態）市場における個々人「私的」な利害の追求，市場法則

　連合体 association（＝対自的な社会態）会社，協会，団体．特定の限定された利害や関心の共通性，相補性等々によって結ばれた社会

　交響体 symphonicity（＝対自的な共同態）「コミューン的」な関係性のように，個々人が自由な意思において人格的 personal に呼応しあうという仕方で存立する社会

これら4つのフェーズは，持続型社会やワーク・ライフ・バランスを目指

図2　社会存立の4つのフェーズ

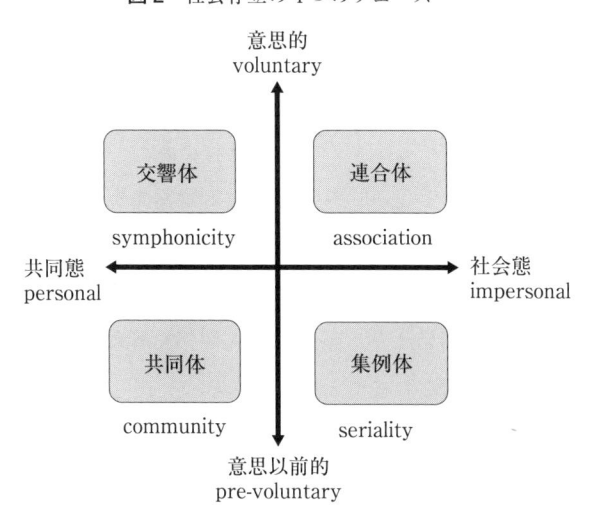

出所：見田宗介『社会学入門』．

す現代社会ではより複雑化しており，普段の仕事は会社等で働き，自宅では環境に配慮したワーク・ライフ・バランスを目指すコミュニティを大切にする共同体で暮らし，休日や休暇ではボランティアを中心とした交響体で活躍するといった社会の中での活動が一元的な価値観で済まなくなっており自分の意志により様々なフェーズで生きておりさらにネットワークの利用の観点から見ても様々なフェーズで活躍するようになってきている．重要なのは社会がフェーズを規定していた時代から自分の様々なシチュエーションでフェーズをチョイスしている点が重要だと考える．このような社会では，自由と安全の考え方がより複雑化して，情報システムも一元的なアイデンティティ管理や閉じられた組織内部のシステムではグローバリゼーションや社会のフェーズの時代には通用しない．（大橋 2014）

7-2．情報社会での人の結びつきの考え方
—— Dunbar の考えと Social Media

ダンバー数は，Robin Dunbar（オックスフォード大学で人類学の教授）が提唱した数で，それぞれと安定した関係を維持できる個体数の認知的上限は人間にとって，平均約 150 人（100-230 人）であるという理論である．ダンバー数とは，安定した社会的関係を保っている集団（構成員がお互いにどんな人物で，社会とどのような関係をもっているかを理解している）の構成人数に対する理論上の上限を示し，その数は 150 である．

私たちは Facebook 上で 5,000 人の友だちを登録することができるかもしれないが，人間の脳は最大で 150 人までの友人関係しかマネージできない．ちなみに，Facebook の平均友だち数は，130 人である．ソーシャルネットワーキングサイトは通常よりも多くの友人関係を管理できるものの，意味のある友人関係の数はこれまでと同じである．

Dunbar 氏は 1990 年代に，「ダンバー数」として知られる理論を構築したがこれは人間の新皮質（意識や言語を司る脳の部位）のサイズによって，私たちがどんなに社交的になろうと，150 人前後の友人しかマネージでき

ないという理論である．霊長類の種ごとのソーシャルネットワークのサイズは，その種の個体がグルーミング（毛繕い）に費やす時間に比例することから導かれた．人間は言語獲得によって，「1対1」のグルーミングよりも効率的に，言葉によって「1対多」のグルーミングをしていると Dunbar は説明した．さらに，Dunbar は，人間のネットワークの大きさを保つために，人は一度に 2.76 人を相手に会話をしているだろうと予測しそれを実証した．（Dunbar 1993）

お わ り に

リースマンが考察した「脱工業化社会」としての消費や，ボードリヤールが記号論から考察した消費の考え方は，決して無くなったわけでなく社会の存立が複雑化したように 1 つの考え方では説明がつかない多様な状況になっている．グローバリゼーションの進行は，経済や金融の分野を中心に国境をなくしてモノや金の流れを作ったが，政治の世界では，宗教や民族を中心として国家より小さな集団としての部族化が進行している．その様な中で，情報社会が進行しネットワークを利用したほぼ無料に近いコストで地球規模のコミュニケーションが自由にできるような時代になり共同体が地球規模でナショナリズムや民族や社会の再構造化，再構成化が進んでいる．情報も従来のプッシュ型と呼ばれるマスメディア中心の仕組みから，プル型と呼ばれるネットワークも自由に選択ができるようになると同時に Social Media 等のリアルタイム・コミュニケーションが進展している．IT 機器は，最新のモノが，便利で使いやすくしかも安く手に入るようになるというリープフロッグ現象により製品の寿命は短くなり所有する意味が問われる時代になった．消費の中身もモノの消費から知的財産やサービス消費さらには時間の消費（浪費？）などのように多様化している．多様化により哲学や論理が通用しないと言われる時代だからこそ，様々な角度から

の理論的研究が必要なのではないかと考える.

参 考 文 献

アンダーソン，ベネディクト，白石隆・白石さや訳（1997）『増補 想像の共同体：ナショナリズムの起源と流行』NTT 出版

イヴァン，イリイチ，渡辺京二・渡辺梨佐訳（1989）『コンヴィヴィアリティの道具』日本エディタースクール出版部

梅森直之（2007）『ベネディクト・アンダーソン グローバリゼーションを語る』光文社新書

大橋正和（2003）『公共 iDC と c‐社会』工学図書

大橋正和（2014）「現代社会の変容と東アジアの発展過程について―4 ドラゴンズの社会構造について―」政策文化総合研究所年報 第 17 号 113–136 頁 中央大学政策文化総合研究所

大橋正和（2014）『情報社会のソーシャルデザイン―情報社会学概論 II』第 2 章 NTT 出版

カイヨワ，ロジェ，多田道太郎・塚崎幹夫訳（1990）『遊びと人間』講談社学術文庫

加藤秀俊（1965）「10 年後の日本の経済社会」日本経済研究センター会報

クリスタキス，ニコラス A.，ファウラー，ジェイムズ H.，鬼澤忍訳（2010）『つながり 社会的ネットワークの驚くべき力』講談社

竹内 洋（2008）『社会学名著 30 選』ちくま新書

ドラッカー，P. F.，上田敦生訳（2002）『ネクスト・ソサエティ』ダイヤモンド社

バラバシ，アルバート・ラズロ，青木薫訳（2002）『新ネットワーク思考―世界のしくみを読み解く』NHK 出版

バルト，ロラン，佐藤信夫訳（1972）『モードの体系―その言語表現による記号学的分析』みすず書房

フェザーストン，M.，川崎賢一・小川葉子・池田緑訳（2003）『消費文化とポストモダニズム』改訂版 恒星社厚生閣

ホイジンガ，ヨハン，高橋英夫訳（1973）『ホモ・ルーデンス』中央公論新社

ボードリヤール，ジャン，今村仁司・塚原史訳（1979）『消費社会の神話と構造』紀伊國屋書店

ボードリヤール，ジャン，宇波彰訳（1980）『物の体系 記号の消費』法政大学出版局

ボードリヤール，ジャン，竹原あき子訳（1984）『シミュラークルとシミュレーション』法政大学出版局

間々田孝夫（2000）『消費社会論』有斐閣コンパクト

見田宗介（1996）『現代社会の理論』岩波新書

ミッチェル，ウィリアム・J.，渡辺俊訳（2006）『サイボーグ化する私とネットワーク化する世界』NTT 出版

リー，シャーリーン，ジョシュ・バーノフ，伊東奈美子訳（2008）『グランズウェル ソーシャルテクノロジーによる企業戦略』（Harvard Business School Press）翔泳社

リースマン，デビット，加藤秀俊訳（1964）『孤独な群衆』みすず書房

リフキン，ジェレミー，渡辺康雄訳（2001）『エイジ・オブ・アクセス』集英社

リフキン，ジェレミー，柴田裕之訳（2006）『ヨーロピアン・ドリーム』NHK 出版

Becker, Gary Stanley and Gilbert R. Ghez (1975) "The Allocation of Time and Goods over the Life Cycle", National Bureau of Economic Research, (Columbia University Press)

Dholakia, U.M. and E. Durham (2010) "One Café Chain's Facebook Experiment", Harvard Business Review

Dunbar, R. I. M. (1993) "Coevolution of neocortical size, group size and language in humans". *Behavioral and Brain Sciences* 1 6(4) : pp. 681-735

Simon, H. A. (1969) "Designing Organizations for an Information-Rich World" – Speech -- Johns Hopkins University – Brookings Institute Lecture --, September 1, (Simon, H.A. (1971), 'Designing Organizations for an Information-Rich World', written at Baltimore, MD, in Martin Greenberger, Computers, Communication, and the Public Interest, The Johns Hopkins Press

第 2 章

情報社会における消費行動の変容
──デジタル化とインターネットの影響について──

大 橋 正 和

高 橋 宏 幸

は じ め に

　本章では，農業社会，工業化社会，脱工業化社会としての消費社会を経た現代を情報社会と位置づけ，デジタル化とインターネットが消費行動にどのような影響を与えたのかを考察しようとするものである．これらの社会区分は，情報社会では個別に存在するのではなく重層的に存在しそれぞれの社会が複雑にインタラクションしながら新しいビジネスや社会形態を生み出している．それと同時に，個人は，ワーク・ライフ・バランスの概念により，在宅勤務・フレックスタイム・ワークシェア等の多様な働き方や北欧の国のように定年後も非営利組織の拡大により働く機会を提供するなど定年の概念を無効化する Age プロジェクトなどがすでに進行している．中国では，定年が女性 60 歳から 65 歳へ男性が 65 歳から 70 歳に延長される．情報社会での消費行動は，デジタル化・ネットワーク化により技術革新のプロダクトにスピードを要求されプロダクトのライフサイクルが完結しないことや，口コミによる茶筒型やサイロ型と呼ばれる売れ行き期間の短縮化等の従来の常識では考えられない消費の様子が現れてきている．この章では，成長の考え方，消費者行動も含めて考察する．

1. インターネットとデジタル化の情報社会への影響

インターネットが普及している現代では，デジタル化によりハードウェアばかりでなくソフトウェアによる技術進歩が早く製品のサイクルは短くなる一方である．例えば，携帯電話やパソコンなどは，四半期毎に新製品が登場し「最新の製品が，性能がよく安く使いやすい製品である」．この発展現象はリープフロッグ（蛙跳び）と呼ばれる．このような急速な変化の時代には，物を購入することが必ずしもベストなソリューションでないばかりでなくハードとソフトが融合することによりモノの利用の仕方やモノとサービスが融合した新しい製品が登場した．デジタル化の影響は，社会全般に及んでおり家電製品のコモディティ化やカーナビの様に技術進歩が他のデジタル情報と融合することにより便利な製品を生み出した．

一例を挙げれば，電卓はワンチップ CPU を生み出すきっかけとなった製品であるが，事務用の電卓や関数電卓など様々な種類があり新製品が出ると新しい製品に買い換えねばならなかった．現在では，デジタルを表示できるスマートフォンなどにソフトウェアとして組み込まれており，縦に表示すると事務用電卓，横に表示すると関数電卓になる．過去の製品が扱える数字の桁数が限られていたが現在ではソフトウェアで対応しており桁数が多くなると表示の数字（フォント）を小さくすることにより桁数を増やすことが可能となる（写真1，写真2）．

また，従来，時計はハードウェアとして腕時計，目覚まし時計，ストップウォッチなど用途別に複数の機器を購入し使い分けていたが現在では複数の時計の機能をもったソフトウェアとして提供され，スマートフォン，タブレット，パソコンなどハードウェアを選ばずに利用可能である．ハードウェアが機能を規定していたのがソフトウェアが機能を提供しハードウェアに依存しなくなった事例も多くある．勿論ハードウェアの機能がすべてソフトウェアに置き換わるのではなくハードウェアの機能でソフト

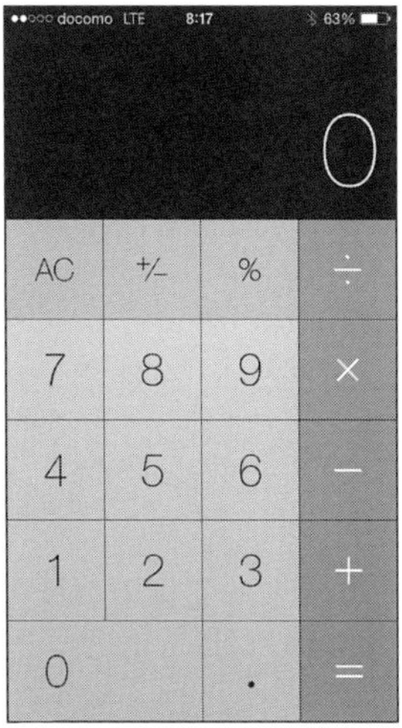

写真 1　事務用電卓　縦位置（iPhone）

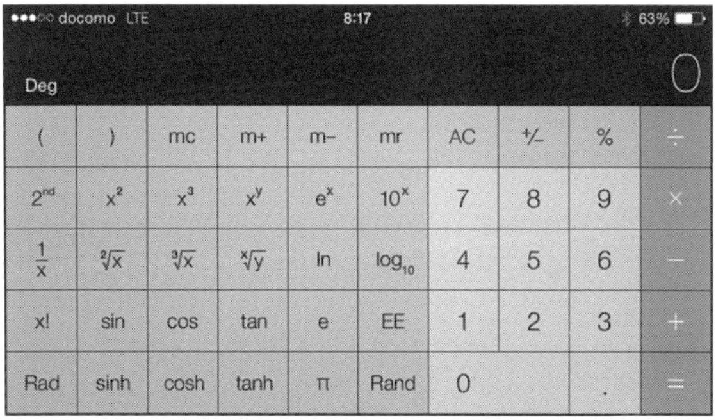

写真 2　関数電卓　横位置（iPhone）

ウェアに転換できないモノも存在する．

　しかしハードウェアの代表格である自動車にもコンピュータやネットワークの利用が広く行われるようになった．初めはエンジンなどの燃焼効率を上げて燃費をよくしたり環境に対して最適な制御ができる様に考えられた．高級な車には，CPU が 100 個も搭載されるようになっている．さらに，GPS情報とカーナビゲーションの組み合わせを自動車の自動運転に結びつけようとする動きもある．すでに運転の制御は，車載レーダーを利用して高速道路などで前方の車に追従するオートクルーズシステムや前方

の障害物を検出して自動停止するシステムなどは市販の自動車に搭載され実用化されている.

　米国では，1998 年くらいからビジネス用のメールの量が増え始め 21 世紀に入ると電子メールが機能しなくなり始めた．企業の ICT 利用の中心である電子メールは，量の増加，リアルタイムでないため伝達の遅さや生産性の低さ，手紙の電子版に過ぎない，1 対 1 ばかりでなく 1 対多，多対多が難しい等の理由で 90 年代後半から米国ではメッセンジャーなどのリアルタイム・コミュニケーションツールがビジネスの世界では広く普及し利用された．メッセンジャーは，最初は電話のかわりであったがコミュニケーションしたい相手が PC を立ち上げることにより在席していることがわかりすぐにコミュニケーションできるばかりでなくモバイルワークやテレワーク時にもリアルタイムのコミュニケーションが可能である点が優れていた．電子メールが他のアプリとの連携（自動化）が不得意であることから書類やプレゼンなどのデジタル資料の共有や複数人のビデオ会議システムなどが利用可能になり欧米では広く利用された．残念ながら日本では，PC の利用の仕方の相違やインターネットのビジネス利用の遅れなどから普及しなかった．

　現在では，従来の電話などの社会の情報基盤のかわりに Social Media の Facebook，LINE 等が社会の情報基盤としてコミュニケーションツールの役割を果たしている．

従来のメールの様な単体のソフトウェアから情報がデジタル化したことによりただ単なるメールからの進化が始まっており，法人向けの市場では，社内電話システム（PBX）がインターネット電話やメッセンジャーや統合化ソフトウェアの一部として機能するようになってきている．これらは，UC（ユニファイド・コミュニケーション）と呼ばれてマイクロソフトの SharePoint や IBM の Sametime が登場した．現在では，スマートフォンやタブレットなどのリアルタイム OS や Social Media の登場によりリアルタイムの情報流通が情報量の増大を招いた．電子メールそのものも量の増

大やウイルスやプライバシーの問題，米国での法律による一定期間の保存義務等によりビジネスシーンでは，依然基盤としての役割は果たしているが機能しなくなっている．また，世代によりメールの利用には，温度差がありジェネレーション Y（18 〜 35 歳），Z（18 歳未満）と呼ばれる世代は，メールの利用はビジネス・学校での利用などの特別な場合を除いては利用しなくなってきている（図 1）．

コミュニケーションの主軸は，LINE や SNS，マイクロブログなどに移行している．Web も必要な場合や検索をして情報を得る場合などむしろ特別な理由により利用する場合が多くコミュニケーションと言うよりはデジタル情報の収蔵庫としての役割が大きくなっていると考えられる．図 2 は中央大学の教務情報の Web ポータルサイト C‒Plus の 2012 年の調査結果である．

さらにこの Web が有用かどうかを調査したところだった（図 3）．

従来の通信システムは，定型業務の自動化による生産性向上を目指していた．そのために，社内電話システムいわゆる構内網としての PBX，e メール，コールセンター等で通信ツールの自動化を目指した．ERP，CRM といった企業向けソフトウェアも主として定型作業の自動化，効率化を目指して

図 1 e メールの利用の変化（米国 2009 年と 2010 年の比較）

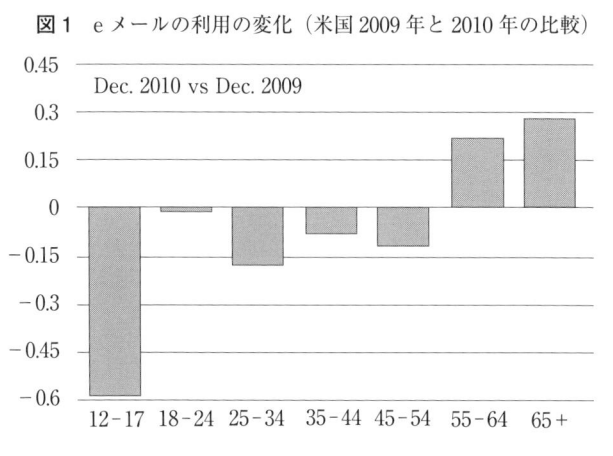

出所：Comscore 2011. 02 調査.

図2　中央大学教務情報ポータルサイト利用頻度

C-plus 利用頻度

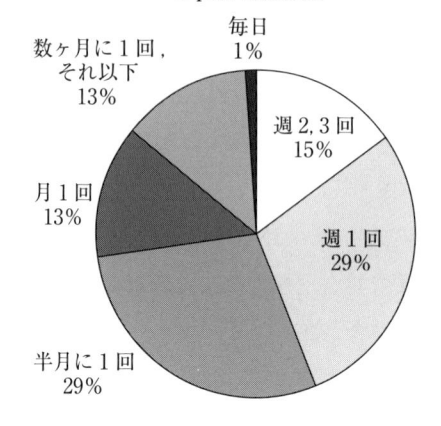

出所：学生調査 2012 年 7 月.

図3　中央大学教務情報ポータルサイトは便利かどうかの調査

C-plus は便利か？

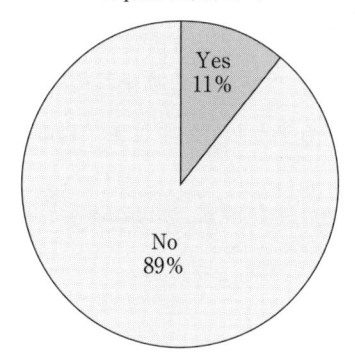

出所：学生調査 2012 年 7 月.

きた．本来企業活動やコミュニケーションのベースに必要な概念は，コミュ
ニティという概念でありそれらが従来の企業内の IT システムには欠落し
ていた．社員ディレクトリ　役職，部署，権限や専門，経験が不明で業務
に的確な人にアプローチできないなどの問題点が指摘されていた．これら
を解決しようとするのが UC と呼ばれるコミュニケーションの統合化であ

りさらにソーシャル・ネットワークの活用による様々な動きが見られる．また，外部の Social Media 上への様々な発信も多く見られるようになった．企業によるユーストリームを活用したソーシャル・チャンネルや企業の映像の YouTube 等への UP，企業の関連する写真のインスタグラム等への UP などである．大学も授業を iTuneU の様々なプロジェクトに UP して公開するようになってきている．

　従来のビジネスへの ICT 利用の目的が定型業務の自動化であったのが，今後は非定型業務に利用されるようになり主として知識レベルの業務情報の提供や問題解決やトラブルの解決等のための専門家の探索などに利用されるようになってきている．

米国での企業向けソーシャル・サービスは，投資対効果が明確でなく十分に使われないモノも多いが，今後多くの米国先端企業は，企業コミュニケーションの将来をソーシャル・コンピューティングに見いだそうとしている．

　このような傾向の中で 2006 年以降リアルタイム・コミュニケーションの台頭が著しい．特に Social Media の台頭により従来のインターネットが SNS やマイクロブログといったリアルタイム・アプリケーションで利用されるようになった，その結果リアルタイム OS の重要性が認識され，ス

図 4　趣味・娯楽シーンでの「サイトを見る（携帯電話・パソコン）」時間の年代別変化

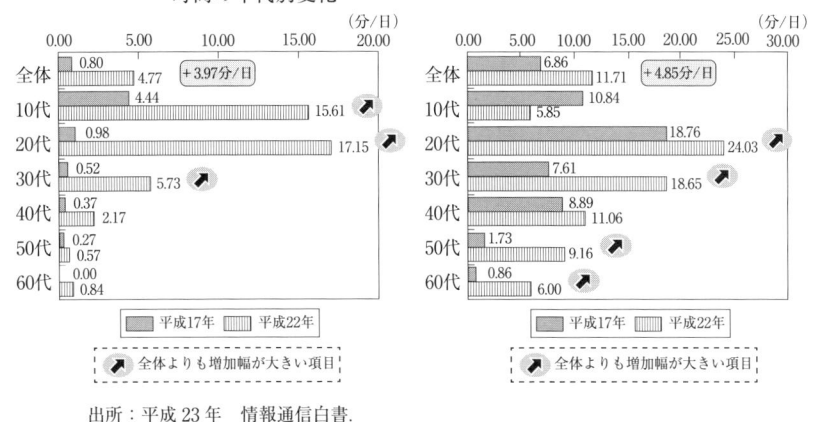

出所：平成 23 年　情報通信白書．

マートフォンやタブレットといったツールが登場するようになった．それに対して従来のメールなどの非同期型システムは，減少しつつあり Web メール利用者は前年比 8 ％減，特に 12 歳から 17 歳のティーンは 59 ％減（Comscore 2011. 02 調べ）であり Social Media への移行が顕著である．

趣味・娯楽シーンでの携帯電話や PC の利用についても急増している（図4）．

2．成長の考え方

2-1．ロジスティック曲線

人口などの成長を考える理論は，個体群の成長を研究したマルサスの成長理論から始まった．

個体群の成長曲線としては，ロバート・マルサスが提案した指数関数的な成長をする理論が知られている．

$$\frac{dN}{dt} = rN$$

N：個体数，r：増加率

これによると増加はいつまでも止まらないことになるが，実際の個体群成長にはその環境や市場のキャパシティがありそれが上限となる．

製品の普及過程に関しては様々な考え方があるが，工業化社会の時代にはロジスティック方程式による方法がひとつの考え方であった．ロジスティック方程式は，人口の飽和状態の予測や，製品の普及過程と飽和状態になる予測等に利用することが可能であり 20 世紀の消費を支えた電気製品（アナログ）の普及過程を説明することが可能であった（図5）．

ロジスティック方程式は，環境による個体群の上限：K を取り入れ

$$\frac{dN}{dt} = r(K-N)N$$

k = r/K とおいて

$$\frac{dN}{dt} = N(r - kN)$$

この解は,

$$N = \frac{K}{1 + exprK(t_0 - t)}$$

図 5　ロジステック曲線例

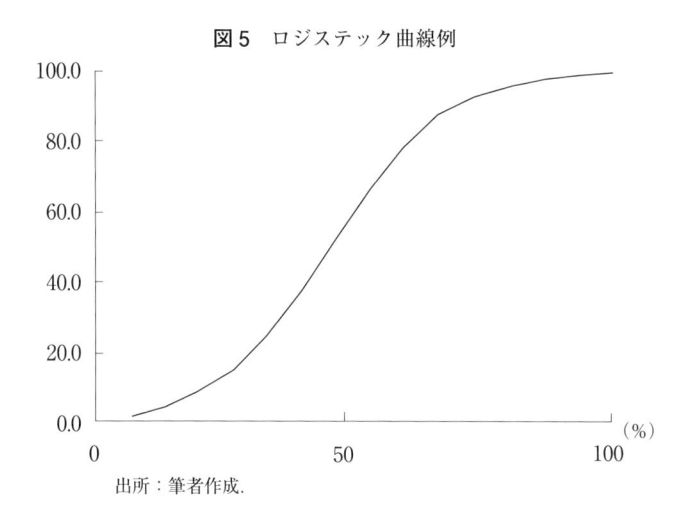

出所：筆者作成.

図 6　我が国の一般家庭における耐久消費財普及率の推移と
2012 年時点の各国の耐久消費財普及率

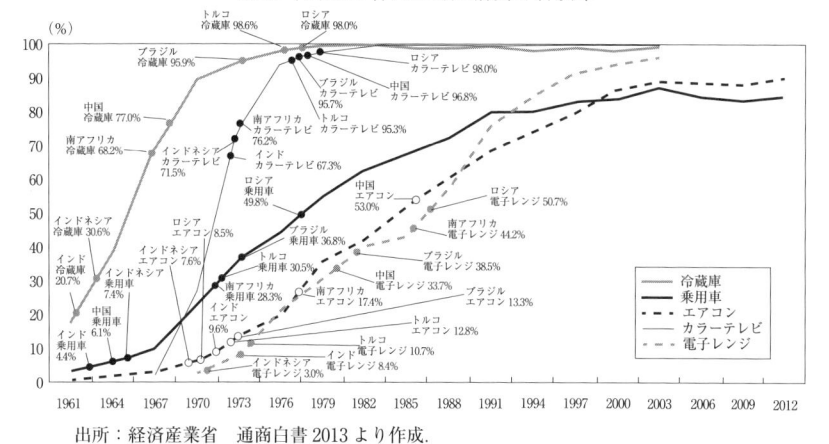

出所：経済産業省　通商白書 2013 より作成.

2-2. プロダクト・ライフサイクルの考え方

一方消費者の立場からではなく製品の立場から考えたのが「プロダクト・ライフ・サイクル理論」である．この理論は，イギリスの数学者であったベンジャミン・ゴンペルツの成長曲線（ゴンペルツ曲線）に基づいている．

ゴンペルツ曲線は，

$$y = Kb^{e^{-cx}}$$

をグラフ化したものでロジスティック曲線が左右対称であるのに左右の対称性はない．

製品の発売から終了までを４つの時期に分けて考える．

導入期：

製品の発売期は，認知度が低く，需要量もあまりない段階であり製品の認知度を上げるための戦略が必要となる．開発費用・宣伝費などに大きな費用がかかる割には売り上げが望めない時期でもある．特に製品コンセプト，基本的機能，使い方などをコミュニケーションし，ターゲットがその製品を使用するイメージをもてるようにすることが必要であるが多くの製品は，この時期に市場から消えてしまう．まだ，製造量も少なくコストも高いため製品価格も高い場合が多く価格が普及の妨げになる場合もある．

成長期：

製品が市場に受け入れられると，需要が喚起され，売上高，利益共に急上昇するが，ライバルである市場参入業者も増える．市場におけるシェアの拡大・確立が課題となるため，ブランドイメージを浸透させるためのコミュニケーションが必要であり，新規顧客を増やすチャンスでもある．この時期には製造量も増え価格も導入期よりは低くなる．

成熟期：

マーケットシェア，競争相手がある程度安定し，伸び率・売上高が減少を始める．他社との製品間で機能の差がほとんど見られなくなり，市場におけるポジショニングやシェアの防衛が課題となる．

価格は，競争激化の影響もありより低価格が戦略的に要求される．利益を

確保しつつ新しいポジショニングの製品や次の世代の製品開発が必要となる．

衰退期：

　売上高，利益，競争相手共に衰退が表れる．経営的には撤退のタイミングの検討を行うことが必要となる．

2-3．21 世紀でのプロダクトサイクル

　21 世紀になってからのデジタル化された製品およびデジタル化の影響を受けた製品の多くはハードウェア技術の進歩の急速な進展から製品のライフサイクルが完結することは難しくなってきている．また販売の傾向も従来の考え方が成り立たなくなってきておりコンビニエンスストアなどでは，サイロ型とか茶筒型などと呼ばれる数週間程度のライフサイクルで推移する．Social Media 上での急速な情報の伝播により売れ行きが急速に立ち上がるが 2 週間程度で急速に低下するなど局所的な売れ行きの増大を示す例などが存在する．いずれにせよ従来のようなロジスティック曲線が完結するような形での製品の普及はデジタル化による急速な技術進歩の影響により曲線が完結することはなく次のステージや新しい製品（新型および改良型含む）の登場により次の製品に移行してしまうことが多くなっている．特に，ICT 関連製品などは，1 年間に数回のモデルチェンジをするなど頻繁な製品の入れ替えが行われている．この様な時代になると製品を所有するのでなく利用する権利を取得したりするなどユーザー側の意識が変わりつつある．

2-4．アジアにおける消費の動向

　世界の成長特に新興国における経済性成長により所得が増え中間層が増えつつある．経済産業省の資料によると中間層から高所得層が 2020 年から 2030 年にかけて急速に伸びることが予測されている．

　さらに所得層別の消費性向イメージによると下位中間層から上位中間層

36

図7　新興国における新中間層の出現，増大

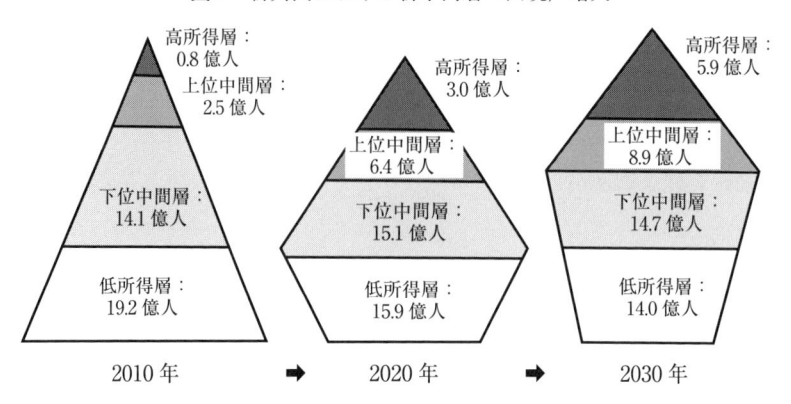

出所：経済産業省
　　　新中間層獲得戦略〜アジアを中心とした新興国とともに成長する日本〜（2012 年）．

にかけてかつての日本が数十年かけて経験したような長い時間を経て成長
した過程での消費の伸びから高所得者層と中間所得層の同時並行型での成
長に伴い様々なレベルの製品が一度に消費されるようになると予測され
る．さらに消費の内容も日本が経験したようなモノ中心の消費から徐々に
サービス消費などに移行し個性化していった過程を経ずに消費の様々な
フェーズが一度に進行することが予測される．東アジアの国々の中で，シ
ンガポール，香港，台湾は，購買力平価で補正すればすでに 1 人当たりの
GDP で日本を抜いており韓国がこれに続く勢いである．これらは，20 世
紀に経験をした従来の先進国の社会や消費の発展過程とは大きく異なる構
造を示している（大橋 2014）．

　これら急速な成長を示している国々の共通した特徴のひとつが，日本以
上の急速な ICT 化であり，インターネットや携帯電話，PC の普及および
利用は日本以上の伸びを示しており社会すなわち情報社会としての中枢を
支える存在になっている．

　現在の自動車の販売動向を見ても伸び率の高い国が東アジアに集中して
いるのがわかる．

図 8　所得層別の消費性向イメージ

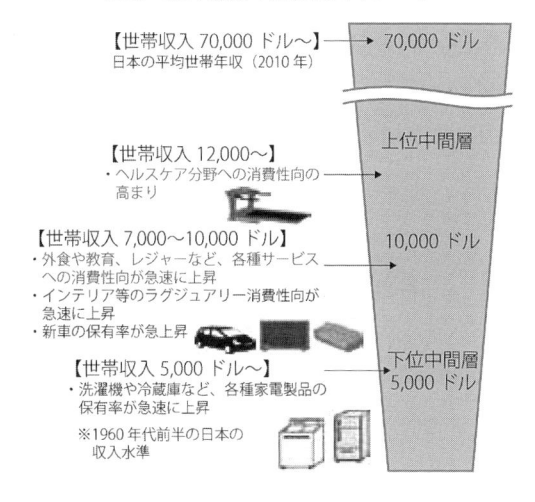

出所：経済産業省　通商白書 2013 年.

図 9　乗用車の普及率の年平均上昇率（2012 年～2017 年）

出所：経済産業省　通商白書 2013 年.
資料：Euromonitor International 2013 から作成.

　これらによると社会インフラの整備が急務であると思われるが，すでに，
1人当たりの発電量などでは，日本はシンガポール，韓国などに抜かれて
いる.

自動車の販売成長は世界的に拡大している（図9）.

3．情報社会における消費行動

3-1．消費に影響を与える情報と人々

　20世紀においては情報の伝播はマスメディアが主流であり特に新聞・雑
誌・ラジオ・テレビといった4大マスメディアの影響は大きいと考えられ
てきた．しかし，ラザースフェルド（Lazarsfeld）等の研究により「個々人
の行動を決定づけるほどの直接的な影響力をマスメディアは持たない」と
いう考え方が一時広まった．そのような研究の中で登場したのがオピニオ
ンリーダーと呼ばれる人々の存在で消費者は，マスコミュニケーションか
ら直接情報を受け取らずにオピニオンリーダーが他者に伝えることにより
大きな説得力をもつことが明らかになった．いわゆる，コミュニケーショ
ンの二段仮説である．オピニオンリーダーから影響を受ける人々は，フォ
ロワーと呼ばれた．消費に影響を及ぼすオピニオンリーダーの特徴として
以下の3点が挙げられる.

　　1．マスメディアや他者の意見などの情報収集に熱心で，特定領域の製
　　　　品やブランドに精通している.

　　2．新製品を発売日もしくは発売後直ぐに購入し従来の知見をもとにし
　　　　てフォロアーに情報提供する.

　　3．オピニオンリーダーは，一般の消費者と同じで特に有名人でないが
　　　　発信した情報に共感するフォロアーにより信頼される.

　オピニオンリーダーと呼ばれる人々の多くは，領域が特定の物に限られ
る存在であるが，中にはMarket Maven（市場の達人）と呼ばれる領域を超

えて情報を発信できる人が存在することも知られている.

　インターネットが普及している現代では，オピニオンリーダーに相当するのはアルファブロガーやインフルエンサーと呼ばれる情報提供者であり情報源もネット上特に Social Media から提供された情報をもとに自分の知見を Social Media やインターネットに発信する人々である.

　市場に新しい製品やサービスが投入されたときに受け入れられるためにはいくつかの条件が必要である（杉中 2012）.

⑴　相対的優位性（relative advantage）既存の製品に対しての便益や優位性の存在（差異）

⑵　両立性（compatibility）従来使用している製品や生活スタイルが共存できるか，および消費者の価値観やニーズに合致しているかどうか.

⑶　複雑性（complexity）使用方法が難しいかどうか.

⑷　試用可能性（trialability）経済的損失をこうむることなく試してみることができるかどうか.

⑸　観察可能性（observability）新製品を使用した結果が目に見えるかどうか. 使用した結果が見える.

　これらの新しい製品やサービスが登場したときに新しいものに飛びつく消費者と昔から使っているものを好む保守的な消費者も存在する. Rogersは，新しい製品やサービスを採用する速さを 5 段階に分類した.

⑴　イノベーター（Innovator 2.5%）新製品やサービスをいち早く採用する人々. 革新者として冒険好きであり社会経済的地位が高く情報通である. 周囲からは変人と見られることもある.

⑵　初期採用者（Early Adopter 13.5%）イノベーターの次に採用する人々. オピニオンリーダーに多く，社交的で流行に敏感な人々と思われている.

⑶　前期多数採用者（Early Majority 34%）慎重だが平均より早く採用する人々.

⑷　後期多数採用者（Late Majority 34%）新しいものに懐疑的で平均より

遅く採用する人々.

(5) ラガード（Laggard, 遅延者 16%）一番遅れて採用する人々であり，新
しいものを受け入れない人々も含まれる．友人ネットワークが狭い
人々が多い.

全体の 16% を占めるイノベーターや初期採用者が新製品やサービスを採
用することでメリット・デメリットが明らかにされ，残る多くの消費者に
大きな影響を与えるという点にある．新しい製品やサービスを普及させる
ためには，イノベーターや初期採用者を探しだし採用してもらうことが重
要であるという考え方である.

また，ネット上やオンライン等の様々な媒体におけるチャネルとして次
の 4 つが利用される.

・Paid Media　テレビ CM や各種広告　費用をかけて媒体に情報を流す
・Owned Media　自社所有のメディアで，運送用のトラックや商品の
パッケージ等の利用
・Earned media　比較サイトやクチコミサイトで高評価されるなど消費
者に影響を与える
・Shared media　消費者自身の意思で表出されるメディア．Social
Media 上で展開

3-2．Social Media の活用について

Social Media の代表である Facebook については，露出を高めるための
Facebook 活用法について Dave McClure は，2007 年に次の様に提案して
いる．現在では，Facebook 内部のアプリケーションは，名前が変更になっ
たり，廃止されたりした機能もあり，内容が変容している部分もあるが基
本的な考え方は変わっていない.

1．基本的な考え方
1．ソーシャルグラフを作る：プロフィールとプライバシー
2．コネクションを作る：ネットワーク，グループ，イベント

　3．フィードの必要性：ソーシャルな活動のストリーム

　4．コンテンツの共有：共有と人—ストーリーやメディアのタグ付け

　5．未来へのアプリ：プラットホーム，API，アプリケーション

　6．お金を払って参加する：広告ネットワーク，スポンサー付記事，有料配信

　7．「Show me the Bunny」：プレゼント，ポイント，バーチャル通貨

2．ネットワーク・グループ・イベントを通じてコネクションを作る

　・ネットワークは，職場や地域，学校　属性で定義

　・グループは，ユーザが定義

　・イベントは，時間または場所などが決められた事象であり招待状をもらって参加数人同士のグループが作られることもある

3．フィードの必要性

　ソーシャルな活動のストリームは，ニュースフィード（とミニ・フィード）であり Facebook 環境で何か行動が起こるとミニフィードに記録され，ユーザのソーシャルグラフが示すコミュニティー全体のフィードに送られる（公開するフィードは制限可能）．

4．コンテンツの共有

　ストリームやメディアのタグ付けにより共有と人とを結びつける．

「リンクをポスト」機能

　・「Share」ボタン　特定のユーザ宛，不特定の相手宛のフィードとして簡単に送付

　・「ニュースフィード最適化（NFO）アルゴリズム」いつ誰にどの記事を送るかを決定

コンテンツのタイプ　'People Tag' を付ける．

リンクを送ったり URL の参照— URL の画像を拾って表示

5．アプリ・トゥー・ザ・フューチャー

　プラットフォーム，APL，アプリケーションために 2007 年 4 月 Facebook　プラットフォーム "Thrift" 公開した．Facebook は 2007 年 2 月には会員数 1700 万人であったのでいかに先進的な試みをしていたかがわかる．多言語混在 RPC 開発フレームワークにより C++，Java，Python，PHP，Ruby のコードを生成する仕組みである．Thrift は，シンプルで汎用的な記述言語を使って，型宣言と RPC のインターフェイス定義を行いこの記述から C++，Java，Python，PHP，Ruby といった言語のコードを生成する仕組みである．

6．お金を払って参加

　広告ネットワーク，スポンサー付記事，有料配信等の機能である．

7．Show me the Bunny

　プレゼント，ポイント，バーチャル通貨でバーチャルグッズは，装飾，機能，行動の３つのタイプに分けることができる．装飾系グッズは，主として自己表現に使われる．機能的グッズは，ユーザーエクスペリエンスを意味のある形で変えるもの．例えば，ゲームの World of Warcraft で特別有利になる甲冑などは，機能的バーチャルグッズと言えるだろう．行動系バーチャルグッズは，何らかのソーシャルな交流のきっかけになる図形アイコンで，現在 Facebook でいちばん流行っているのがこのタイプである．このカテゴリーのバーチャルグッズの中でも特によく知られているのがバーチャルギフトであり各種プロモーションに利用されることも多い．

3-3．Cloud と Crowd　2006 年からの発展

　2011 年に『デジタル時代の人間行動』の第 10 章（大橋，2011）には，Social Media の発展が 2006 年から始まったことを示した．

　雑誌 Times は，年度末の最終号でその年に最も活躍した人物を「Person

of the Year」選出し表紙を飾るのが習わしである．2006 年の Person of the Year は，「You」が選ばれた．（2010 年度は，Facebook の創業者・CEO のザッカーバーグである．）広告の専門誌である Ad-age は，同じく 2006 年度の「Agency of the Year」に「Consumer（消費者）」を選んだ．どちらも，個人が口コミなどを通じて大きな働きをした年であったことを示している．また，この年はインターネットデータセンターにおいて，メガセンターと呼ばれる CPU5 万台以上の大規模データセンターが登場し Cloud Computing が本格的にスタートした年でもある．

　Cloud（雲）の上の Crowd（多数の人―市民）とも呼ぶべきインターネット上の新しい仕組みが登場した．Crowd ソーシングという Crowd にタグ付けなどの仕事をアウトソースする方法も多くの成功事例が報告されるようになり，Crowd という言葉は世間に知られるようになった．Social Media（Social Networking 等）は，Cloud の登場により Cloud の機能をフルに利用して大きく発展・変容した．従来，動画・写真投稿サイト，マイクロブログ，ソーシャルネットワーキングサイトなど様々なシステムが稼働しており，Social Media, Social Marketing, Social Technology, etc. など様々な呼び名が与えられていた．Facebook は，2010 年 7 月にアクティブユーザーが 5 億人を超えグローバルなコミュニティを形成し，米国大統領選でのインターネット利用や 2009 年と 2010 年のスーパーボウルの広告戦略の変容を見ると社会の根幹に係わるような変容が見られる．何が変わりつつあるのか，変わったのかを考えてみたい．

　すでに多くの人が，Social Media をコミュニケーションツールとして利用している．

　Social Media の定義は，定まったとは言えないが「誰でも利用できるインターネットや Web などの基盤技術を利用して人間の社会的繋がりにより広がっていくメディアの総体」であると言える．

　一方，2008 年 10 月に「Economist」がクラウドの特集をした．

　2001 年〜 2006 年の間に，サーバー数は 2 倍になりサーバー当たりの消

44

費電力は 4 倍となった．

1180 万台のサーバーが，データセンターにあるが実際には，能力の 15 ％しか利用されていない．しかし，データセンターは米国の電力の 1.5 ％を消費している．

　2000 年には，0.6 ％，2005 年には，1 ％を消費していた．現在のグリーン技術でこれらは 50 ％カット可能であると言われている．データセンターは，単位面積当たりオフィスの 100 倍のエネルギーを消費しデータセンターは世界の CO_2 の 2 ％を消費している．これは，飛行機が出す CO_2 とほぼ同量である．企業内のデータセンターは，システム進歩に追いついていないこと特にネットワーク化に問題があることを指摘している．米国では，情報システムへの投資の収益性が問題であり，米国の企業内データセンター約 7000 の中で使用されているサーバーは，6 ％しかなく 30 ％はすでに使われていないことをクラウドが登場した背景として説明している．2008 年の半ばまでにすでに約 70 ％の人が何らかのクラウドを利用していて 18 歳から 29 歳までの世代では 80 ％を超えることを示している．（大橋，2011）

　この様に，日本が Cloud と Crowd すなわちリアルタイム・コミュニケーションを支えるインフラの面で大きく後れを取ったのに対して，東アジアの国々は最新の IT 機器で最新の ICT の仕組みを支える部分で急速に成長し利用の面で日本を追い越していった．いわゆる最新のモノが便利で安いというリープフロッグ現象である．これらの国々の多くは日本が経験したような，固定電話をユニバーサルサービスとして全国津々浦々まで普及させるために独占を許しサービスを展開した過程を経ずに主要部分に光ファイバーを引きデジタル化された携帯電話を導入しインターネットのラストワンマイルも同時に普及させた．携帯電話の導入コストは，固定電話の 10 分の 1 と言われておりさらにスマートフォンの普及によりどこでもインターネットが利用できる環境を急速に整えていった．固定電話は，維持管理コストが高い上に携帯電話の普及により通話の部分でも顧客を奪われ

ているがユニバーサルサービスの視点からはサービスを継続せざるを得ない状況である.

3-4. Social Media上での消費への影響を与える人・インフルエンサー

インフルエンサー分析は, インフルエンサーと呼ばれる他の人々にインターネットを通じて様々な影響を与える人を見つけ出してその人のネット上での行動を分析し, さらにその人に働きかけることにより影響力を得ようとする手法である. インフルエンサーは, 主にコミュニティで影響のある人, 自社製品の熱狂的ファンや熱心なリピーターを指している. コミュニティの中のインフルエンサーは, SNS上での友人の数, サイトへの書き込みの量ではない. 友人の数はむしろ普通で, 発言の信用が高く, 特定のサービスや商品について集中的に発言する人である. 新製品や新しいサービスの発表前や直後にブログ, メール, チャット, Web など多様なコミュニケーション手段を利用し多く発言する人 (アルファブロガーの様な) が, 影響力があると思われていた. 友人が多くてもたまにしか発言しない, いい加減な書き込みが多い人は, 影響力が低く信用度が低いと見なさざるを得ない.

インフルエンサー分析で成功した有名な事例に米国で都市部を中心にフィットネスクラブを展開している 24 アワーフィットネスがある. 彼らは, Social Media として Facebook, Twitter, フォースクエア, イェルプ (yelp) などの口コミサイトを利用しており Facebook のいいね!の数は 30 万人ほどである. 彼らは, YouTube にトレーニングビデオを無料で UP して 400 万人以上の人が視聴し, 口コミサイト Yelp で低い評価を付けたユーザーには, 無料会員権等の特典を贈り数ヶ月内に高い評価に変更させることに成功しサイトでの会員加入率は, 最高で 4 割超と言う高率を誇っている.

彼らは, 従来の宣伝方法であるメールマガジン, ダイレクトメール, テレホンセールス, などは, 「インフルエンサーを特定できないので意味が

ない」と考え，インフルエンサーを見つけ出し集中的に働きかけた．また，
クラブの口コミに悪い評価を与えて人に無料券を送るなどして口コミの評
価の改善を図るなどの努力をして成功を収めた．

4．消費者行動の複雑化

4-1．消費者行動モデル

20 世紀の消費者行動モデルとしては，ローランド・ホールが提唱した
AIDMA が有名である（図 10）．

この行動モデルは，買い手に視点を置いたところが特徴であるが売り手
の視点と対応して考えることも可能であるので広く普及した．「認知段階」
「感情段階」「行動段階」の 3 つに分けられ，段階ごとにあうマーケティン
グ戦略の作成が可能である．また，影響を与えるコミュニケーション手段
として広告，店舗，スポンサー活動，Web といった幅広い媒体に対応させ
る事ができる．知識レベルの違う個々人に対しては，ターゲットの選定が
重要な要素であり「誰に対するコミュニケーション」という視点が重要に
なる．

インターネットが普及して広く利用されるようになるとその双方向性や
検索の普及により AISAS と呼ばれる行動モデルが電通により提案された．

インターネットを積極的に活用する消費者の購買行動プロセス（電通大
阪 商標登録済）であり商品の購買などの行動をとった後——感想や意見な
どを再びインターネットを通じ発信するプロセスをとるいわゆるクチコミ
や評価といったプロセスにより共有した情報を検索にフィードバックさせ
るプロセスを付け加えている．企業が消費者に対するコミュニケーション
もクチコミやネットを含めた複数のメディアの活用が必要であり

①「C to C（特にネット・口コミ）の活用」

②「消費者視点の情報を（広告へ）フィードバック」

などが重要になる.

　Search に関しては，Yahoo! や Google などの検索サービスの利用が一般化し商品やサービスに関心をもった消費者が，「まずネットで調べてみる」というパターンでありその後商品はネットで購入することも可能である. 購買行動のあとには，その商品に対する情報を「Share」しブログや SNS（ソーシャル・ネットワーキング・サービス），口コミサイトなどを介して，消費者同士による商品の使用感や感想などなどの情報交換・共有が日常化している.

　従来では，企業と消費者の間にはいわゆる情報の非対称性があり企業側が様々な情報を独占しており消費者は，マスメディアによる一方的な情報や店頭での情報程度しか商品に対する知識を得ることができなかった. ここで言う知識とは，「情報が一貫したまとまりをもち，問題を解釈し，問題解決のための思考パターンを素早く検索できるようになった状況のこと.」であり「消費者が商品について何を知っているのか」である.

　消費者は，日常，様々なマーケティング刺激（商品，ブランド，サービス，広告，販売促進，コミュニケーション活動，イベント，etc.）に接触しその経験を記憶に取り込み，またそれをさらに次の消費活動に活用している. こうした過程で, 消費者は自分が触れる商品やサービス，またコミュニケーション活動に意味を付与し知識という形で記憶する.

　このような知識を分類すると

(1)　一般知識：命題という形で記憶に. 自分に関心があり，自分に関連する知識

図 10　AIDMA　消費者行動モデル

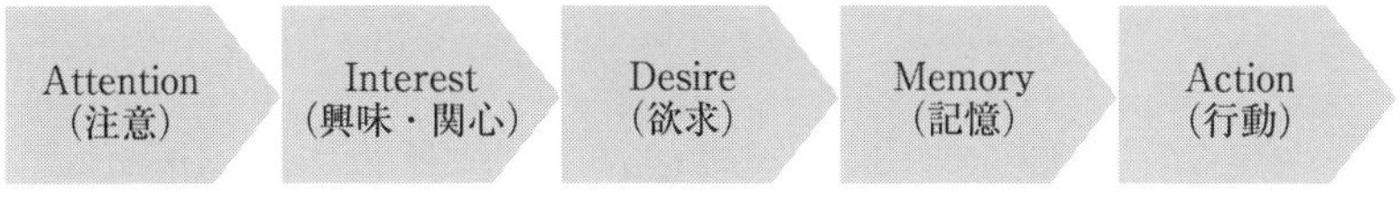

Attention（注意）　→　Interest（興味・関心）　→　Desire（欲求）　→　Memory（記憶）　→　Action（行動）

出所：筆者作成.

(2) 手続的知識：日常の物事を行うやり方に関する知識であり，消費者が当該商品についてどのような知識をもっているかを理解するため

① 商品存在についての知識

② 商品の属性と連想についての知識

③ 購買についての知識

④ 消費と使用についての知識

⑤ 説得についての知識

これらの変容は，日本より中国等の東アジアの国々でインターネットの普及が進み4大マスメディアの情報が十分でない国々で顕著である．一例を挙げれば，中国・上海パワー層（消費リーダー）と東京同年代のメディア利用比較の調査結果を見ると数多くの情報メディアを活用する「クロスメディア型」の情報生活を送っていることと主要な情報メディアへの接触度はほぼ毎日であることがわかると共に，インターネットと新聞の利用に関して上海は東京と比較して優位性がある（表1，表2）.

パワー生活者は，世帯月収6,000元以上25〜44歳の男女である.

主要4媒体いずれか＋インターネット（パソコンまたは携帯）――週4日以上に接触では，上海：76％，東京：66％である．上海では，4媒体の利用およびPCの利用時間等でも東京よりよく利用されている.

人的コミュニケーションが標的となる顧客とその周辺人物との間に進行し情報探索・評価段階では情報源として利用され，購買後行動においては感想を友人に発信するという形で発生する．ソーシャルメディア等を利用し

図11　AISAS　消費者行動モデル

Attention (注意)	Interest (興味・関心)	Search (検索)	Action (行動)	Share (共有)

出所：筆者作成.

て直接的な友人・知人とのコミュニケーションができ，インターネットを
通じて見知らぬ人ともコミュニケーションすることも可能である．イン
ターネットには社会関係資本の形成を促進する機能があると考えられるが
「正の口コミ」と「負の口コミ」が存在し新製品や高額な製品の場合，口
コミ効果は大きいと言われる．

　ソーシャルメディアやスマートフォンなどの普及によりインターネット
の利用が高度化していく中でソーシャルメディアに適した行動モデルが求
められるようになってきた．特に口コミ情報が直接購買行動に結びつくの
でなくソーシャルメディアによる共感や参加といった行動が重要になると
新しい行動モデルとして SIPS が提案された．

　SIPS は，次の 4 つのプロセスから構成される．

・Sympathy（共感）

・Interest（興味）

・Participation（参加）(Take Part?)

・Share（共有）

P が Purchase でないところが Social Media らしいところで Facebook
ページや Twitter を通じて企業活動に参加するというのが本命でブランド

表 1　マスメディア主要 4 媒体とインターネットの利用

(%)	パソコンインターネット	携帯インターネット	テレビ	新　聞	雑　誌	ラジオ
上海	78 (62)	76 (48)	66 (37)	52 (20)	33 (20)	31 (16)
東京	48 (38)	92 (83)	66 (58)	14 (6)	41 (35)	22 (14)

出所：博報堂，2008.

表 2　1 日に各メディアに接する時間（平均）

(%)	パソコンインターネット	携帯インターネット	テレビ	新　聞	雑　誌	ラジオ
上海	3.67	1.76	1.01	1.01	0.93	0.79
東京	1.01	2.48	0.96	0.34	0.42	0.54

出所：博報堂，2008.

力や認知を上げることが目的で，Action（購買）のプロセスがない．ポストモダンの考え方であればAIDMA，AISASなどがなくなったわけではなくモデルが多様に共存（ジェネレーションによるかな？）している．

経済産業省が2010年に行った消費者購買動向調査では，消費に当たって重要視する項目として「信頼」や「安心」を挙げ，これら非価格的要素は，女性や高齢者が特にこだわっている．

　この調査によると「商品・サービス購入時の信頼できる情報源として企業のWebサイトや評判や情報サイト」を挙げインターネット上の情報が信頼され利用されている．

　中国では，店頭サービスの特に店員の商品知識に問題があり購買前にネットで調べて決定することがすでに行われていたが，日本でもインターネットによって事前調査や購入選択を決定していることがわかった．

　P&Gは，FMOT（First Momentum of Truth）として実店舗で商品と向き合った瞬間に購買する意思決定をするといったモデルを提唱していた．Googleは ZMOT（Zero Momentum of Truth）を提唱し消費者が店舗に行く前に購買の意思決定をネットでするというモデルを提唱した（Jim Lecinski : Vice President, Americas Customer Solutions, Google）．

　FMOTは，店頭での実際の消費者行動を調査してメンタルモデルとして提唱された．

1．Stimulus（刺激，きっかけ）消費者が購買行動を起こすきっかけ
2．FMOT（First Momentum of Truth）店頭の商品の前で行われる意思決定
3．SMOT（Second Momentum of Truth）商品を購入した消費者が使用し体験する

P&Gでは，消費者が製造者や商品を評価する機会はこの2回であるとして長く利用されてきたモデルである．ZMOTは，このモデルの1と2の間に検索エンジンなどの利用により商品の選択をしさらに店頭で確かめた

りネットで購入したりするというモデルである.

1．Stimulus（刺激，きっかけ）消費者が購買行動を起こすきっかけ
2．ZMOT（Zero Momentum of Truth）商品の選択等をネットで行う
3．FMOT（First Momentum of Truth）店頭やネットサイトの商品の前で最終的な意思決定
4．SMOT（Second Momentum of Truth）商品を購入した消費者が使用し体験する

　まさに，この ZMOT が実施され実際の購入は実店舗，ネット上等商品やサービスの性質により様々なチャネルから選択していることがうかがえる.2000 年に，米国の国勢調査が行われた際，人々が購入する仕組みが多様化し流行のモノは店舗で実物を見て，音楽や本などの少量多品種のものはネットで，実用品などは通販で購入するハイブリッド・コマースということが言われた.この時に考えたことは，従来は企業側にあった主導権が消費者側に移りつつあることを強く感じた.

4-2．プロセスからビジネス・プロトコルへ

　ビジネス・プロトコルの考え方は，プロセスで事象をただ単に区切るのではなくプロセスや事象の間での行動やビジネスを規定することを目的としてより詳細にビジネスを記述することを目的とする.例えば，あるドキュメントを受け取ったとき次に何をするかを規定するのがビジネス・プロトコルでありプロセス間に何を実行したらよいかを規定する.最近の標準化では，ビジネスプロセスの標準化も含まれておりプロセスにおいてデータ等の交換の仕組みも規定する（例：電子入札・調達の国際標準化（国連／CEFACT））.

　デジタルデータにおける普遍化・抽象化の流れは，次の 4 段階である.
　第 1 段階：交換するデータの取り決め
　第 2 段階：データ交換の手順——プロトコル

第3段階：務遂行の手順——ビジネスプロセスないしコレオグラフィ
（振る舞い）

第4段階：プログラム実装の互換性—— API（Application Interface）

次世代の消費者行動モデルは，ビジネス・プロトコルを記述する必要があると考えられる．

4‑3．リアルタイム・コミュニケーションによるマーケティング戦略
——インバウンド・マーケティングの考え方——

インターネットの利用が当たり前になり，タブレット端末やスマートフォンといったリアルタイムで情報を得ることができる時代では，双方向性の強いソーシャルメディアがコミュニケーションの手段として急速に普及し，電話やeメールといった従来コミュニケーションの主役であった手段を駆逐するところまで来ている．また，インターネットデータセンターの巨大化によりクラウド上に多くの情報が存在し，リアルタイム・コミュニケーションが当たり前のように行われる時代になってきた．また，21世紀になってからは，発信情報量が飛躍的に増大した．ハードディスク等の記憶媒体の容量の急速な増加と低価格化によりそれら増大した情報の利用がインターネットを通じて自由に行われるようになると膨大な量の情報に振り回されるようになった．

技術の急速な進歩により改良された新しい製品の発売が頻繁に行われるようになりプロダクトのライフサイクルが終了することなく普及の過程で新製品に切り替わるようになってきた．特に，デジタル化された家電やPC，携帯電話等技術進歩が激しく，製品寿命の短い製品で顕著である．

SIPS に代表されるように，ソーシャルメディアは，消費にとって製品の認知やブランディングには効果が大きいが実際の消費までには結びつかない場合が多いことが知られてきた．そこで，ソーシャルメディアやブログなどで認知した後で自社の Web ページやネットワークサイトなどに誘

導し顧客になってもらうような消費モデルである（図 12）.

インバウンド・マーケティングのプロセスは図 13 のようである.

Attract　惹き付ける

ターゲットとなる見込み客を下記のツールで惹き付ける過程.

・Blog　見込み客のための認知を誘導する.

・Social Media　有益な情報や魅力的なコンテンツをシェアすることによりエンゲージメントを築く.

・Keywords　検索エンジンを使って製品情報やサイトに導くために必要なキーワードを提供情報の中に盛り込んでおいてアプローチがしやすいように誘導する.

・Web Pages　理想的な顧客やユーザに必要な情報を提供できる魅力的な Web ページが必要である.

Convert　リードへ転換させる

図 12　ソーシャルメディアの影響チャート（STUST 2013）

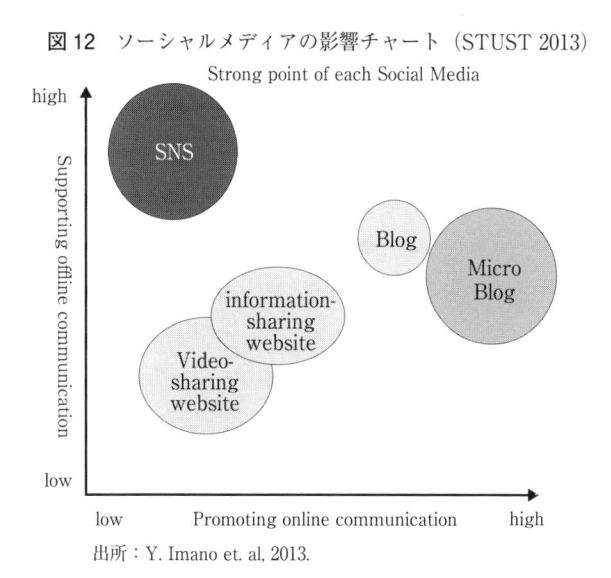

出所：Y. Imano et. al, 2013.

54

図 13　Inbound Marketing　構成図　（STUST 2013）

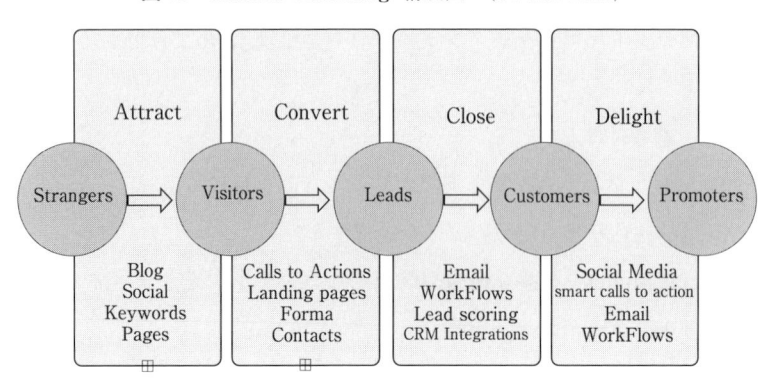

出所：Y. Imano et. al, 2013.

- ・Calls to Actions（CTA）サイトなどの訪問者にアクション（White Paper Download 等）を起こさせるボタンやリンク.
- ・Landing Pages　Web サイト訪問者が CTA により提供する情報などへのアクセスを可能とする.
- ・Forms　訪問者の情報をフォームに入力，送信してもらうためにフォームの最適化を図る.
- ・Contacts　収集したリード情報を利用してコミュニケーションを図る.

Close　リードを顧客化する

リードを顧客化するために顧客化の下記ツールを利用するプロセス.

- ・E-mail　有益なコンテンツを提供するメールニュースを発行する.
- ・WorkFlows 様々なコミュニケーションツールからそれぞれの興味に対応したメッセージを送る場合に利用する.
- ・Lead scoring　営業活動に必要な情報を数値化する.
- ・CRM integrations　マーケティングの分析と CRM システムとの連携.

Delight　満足させる

サイト訪問者，リード，既存顧客などに有益な情報を提供する. 顧客を満

足させて関係を保ちプロモーターになってもらう.

- ・Social Media　リアルタイムにカスタマーサービスを提供する.
- ・smart calls to action　ライフサイクルステージなどに基づいて CTA の内容を更新する.
- ・E-mail　新製品などの有益なコンテンツの提供によりゴールを達成する手助けをする.
- ・WorkFlows　様々なコミュニケーションツールを利用して情報を双方向で交換する.

　Social Media のようなリアルタイム・コミュニケーションツールが普及してくると認知をしてもらう機会は増えるが情報量の飛躍的な増大により有益な情報が認知されても消費者行動に結びつかない場合が多い. その状況は, 前述の SIPS のようなモデルに現れている. すなわち様々な認知された情報を購買行動にどのように結びつけるかという次のプロセスが重要である. ところがそのプロセスに結びつくべき情報の橋渡しや行動の連続性がうまく機能していないのが現状である. すなわちビジネスプロセスだけでは, 消費者行動は記述できなくなっており, ビジネス・プロトコルの概念が重要だと考えられる. 残念ながら消費者行動をビジネスプロセス＋ビジネス・プロトコルで記述した例はほとんど見当たらない.

お わ り に

　かつて James Surowiecki は, 集団の知恵を生み出す 4 つの条件として下記を挙げた.

　4 つの条件とは, 多様性・独立性・分散性・集約性である.

- ・多様性　集団が考えつくソリューションの選択肢を増やし, 新しい視点から検証可能にする.

- 独立性　どんなに偏っていて非合理でも，その意見が独立していれば集団は愚かにならない．
- 分散性　分散性はシステム全体として視野を広げ，意見や情報の多様性を生み出す．
- 集約性　市場経済の場合，集約のメカニズムは価格である．

　日本は，産業革命を経た最後の先進国と呼ばれているが，19世紀以来の工業化社会の中で国家の発展とその礎を築き20世紀後半のモノ中心の消費社会をリードする国にまで発展した．その間に，社会システムを工業化社会を前提とした仕組みを国家の中心として100年以上かけて発展してきた．それ自身は，20世紀の視点からは大成功したと思われる．しかし，1990年代以降のICTの急速な普及に伴うデジタル化，ネットワーク化の社会システムには十分な対応ができないでいると思われる．そのひとつが，法体系や規制の問題である．米国などは，慣習法的な法律に基づき事前規制から事後規制の考え方を導入して新しい市場を作りやすくしたり，EUのように緩いEU指令として共通認識を先に決めて細かいことは各国に任せるような考え方を導入している．さらに，東南アジア諸国が結んでいるFTAのようにグローバリゼーションに対応できるように関税を撤廃して産業振興の協力を自由にできるようにして成功を収めている．これは，まさに集団の知恵のなせる技であり日本に大きくかける視点であると思われる．日本の個々の製品やコンビニエンスストアなどのビジネスモデル等は，世界に誇れるモノであると思われるが消費がグローバル化をして，リースマンが指摘したような脱工業化社会での消費社会から情報社会での多様な消費すなわちモノばかりでなく知的所有物やサービス消費といった多様なフェーズに移行していることを認識しそのための21世紀にふさわしい社会システムを考えるときが来ていると思われる．

参 考 文 献

大橋正和（2003）『公共iDCとc-社会』工学図書
大橋正和（2011）『デジタル時代の人間行動』第5章　シチズン・セントリック

な考え方—情報社会における基本理念—，45-59 頁　第 10 章　Social Media による新しいコミュニケーションの進展，100-120 頁　中央大学出版部

大橋正和（2014）「現代社会の変容と東アジアの発展過程について—4 ドラゴンズの社会構造について—」政策文化総合研究所年報　第 17 号　113-136 頁 中央大学政策文化総合研究所

加藤秀俊（1965）「10 年後の日本の経済社会」日本経済研究センター会報

クリスタキス，ニコラス・A.，ジェイムズ・H. ファウラー，鬼澤忍訳（2010）『つながり　社会的ネットワークの驚くべき力』講談社

経済産業省（2012）「新中間層獲得戦略〜アジアを中心とした新興国とともに成長する日本〜」，経済産業省

経済産業省（2013）「所得層別の消費性向イメージ，乗用車の普及率の年平均上昇率（2012 年-2017 年）」通商白書　経済産業省

杉本徹雄（2012）『新・消費者理解のための心理学』福村出版

スロウィッキー，ジェームズ，小高尚子訳（2006）『みんなの意見』は案外正しい』角川書店

ドラッカー，P. F.，上田敦生訳（2002）『ネクスト・ソサエティ』ダイヤモンド社

バラバシ，アルバート・ラズロ，青木薫訳（2002）『新ネットワーク思考—世界のしくみを読み解く』NHK 出版

フェザーストン，M.，川崎賢一・小川葉子・池田緑訳（2003）『消費文化とポストモダニズム』改訂版　恒星社厚生閣

ボードリヤール，ジャン，今村仁司・塚原史訳（1979）『消費社会の神話と構造』紀伊國屋書店

ボードリヤール，ジャン，宇波彰訳（1980）『物の体系　記号の消費』法政大学出版局

間々田孝夫（2000）『消費社会論』有斐閣コンパクト

見田宗介（1996）『現代社会の理論』岩波新書

リー，シャーリーン，ジョシュ・バーノフ，伊東 奈美子訳（2008）『グランズウェル ソーシャルテクノロジーによる企業戦略』（Harvard Business School Press）翔泳社

リースマン，デビット，加藤秀俊訳（1964）『孤独な群衆』みすず書房

リフキン，ジェレミー，渡辺康雄訳（2001）『エイジ・オブ・アクセス』集英社

リフキン，ジェレミー，柴田裕之訳（2006）『ヨーロピアン・ドリーム』NHK 出版

Gary Stanley Becker and Gilbert R. Ghez(1975) "The Allocation of Time and Goods over the Life Cycle", National Bureau of Economic Research, (Columbia University Press)

Dholakia, U.M. and E. Durham(2010) "One Café Chain's Facebook Experiment", Harvard Business Review, March

Hubspot ed.(2013) *2013 State of Inbound Marketing*, Annual Report, A Publication of Hubspot,. http://offers.hubspot.com/2013-state-of-inbound-marketing

Imano, y. Daiki Saito, Eriko Minami, Yuta Kosaka, Shunta Asano, Kaede Kawabe, Maki Nakamatsu, Moeko Takano (2013) 'ON THE STUDY OF CONSUMER BEHAVIOR WITH INBOUND MARKETIN, Proceeding of The ninth International Conference on Knowledge-based Economy and Global Management, STUST Press, pp. 461–470

Simon, H. A. (1969) "Designing Organizations for an Information-Rich World" – Speech – Johns Hopkins University – Brookings Institute Lecture –, September 1, (Simon, H.A. (1971), 'Designing Organizations for an Information-Rich World', written at Baltimore, MD, in Martin Greenberger, Computers, Communication, and the Public Interest, The Johns Hopkins Press

第3章

現代社会の変容と女性消費者の動向

堀 眞由美

は じ め に

　本章は，戦後日本の経済発展に伴い，形成発展および成熟の過程を辿った消費社会の変化を舞台背景に，消費者の消費行動の変容を考察したものである．消費社会の潮流の変化を軸に，人口問題，特に少子化，高齢化，女性の社会進出や高学歴化，働き方の多様化や女性労働の活用をワーク・ライフ・バランス（仕事と生活の調和）に焦点をあて，かつ，労働価値観や消費価値観の変化および企業のマーケティング戦略を考察しながら，戦後の消費社会の進展過程で消費行動がどのように変容したのか論考していく．さらに，2000年以降の情報通信技術の進展による革新的進展，モバイル機器等の普及拡大，SNSなどのソーシャル・メディアの利用率の急上昇などによる情報収集，提供，活用など新たなマーケティングの展開と消費行動の変容についても論考を試みる．

1．消費社会の変容

1-1．消費の成熟化と変化

1960年代以降，日本は大衆消費社会の形成段階を迎えることになる．

大衆消費社会の形成・発展の社会的要因は，技術に裏づけされた大量生産体制の確立，大量生産された商品を購入・消費する需要者（消費者）まで流通させる流通システムの構築を挙げることができる．また，最終受入れ者である消費者のニーズを呼び起こし，消費（購買）行動への誘導など，商品を提供する側（生産者：企業）の経営努力が備わると共に，消費者側の安定した経済的基盤の確立を背景とする購買能力が備わったことが挙げられる．

1960 年代の日本の大衆消費社会の形成・発展段階を象徴する言葉に，「3 種の神器」がある．これは，当時の家電製品，テレビ（白黒），電気洗濯機，電気冷蔵庫の家庭への急速な普及を意味するものであり，モノの豊かさを国民が初めて実感した心境を表すものでもある．

日本国民は，アメリカの占領下から高度経済成長期以前に至る間，家電製品の完備した便利で合理的なアメリカン・ウエイ・オブ・ライフに，印刷媒体や映像，音楽，あるいは駐留アメリカ軍を通じて感覚的に触れる機会をもった．その体験を通して近代的なアメリカ様式の生活に憧憬し，それへの期待を内面に増幅させていたのである．日本人が抱いたアメリカン・ウエイ・オブ・ライフへの憧憬は，戦後の政府の産業政策支援と技術革新を基軸とした産業化の進展と，経済成長の過程の中で個人所得の向上という経済要因も加わり，消費を助長する社会・経済環境が整えられるに従って現実のものとなる．

また，消費成熟化の推進要因として，産業の復興・活性化による地方から大都市への人口の職業移動により，急速な都市部への人口集中が全国規模で進展し，都市化が進展したことも指摘できよう．都市化の進展は，都市と農村の生活パターンの均質化を促すことであり，農村への都市型生活の波及を意味する．都市化の進展は，モノの普及を主体とする全国的規模の均質的消費社会[1]の創出を推進した．また，マス・メディア（テレビ）の発達と全国ネットワーク化（1962 年）による情報流通の同時性，大量流通機構の発展，生活時間の変化，さらには自動車の普及による移動の容易

性や中流貴族意識階層の増大が，全国的に均質的な消費需要を形成したことに寄与したと言えよう．

1960 年代から 1970 年代初めにかけて家電製品や自動車を中核とする耐久消費財などモノの普及の高まりは，日本における消費社会の成熟化の駆動力として機能した．

消費者のモノへの受動的ニーズは，1980 年代になると主体性を加味した他人との差異を意識した，能動的ニーズ傾向を示すようになった．すなわち，消費者の主体的価値観に基づいて，他人指向に基づく物的所有や使用価値に重点を置く消費行動から，デザイン，カラー，サイズやブランドなど商品のもつ意味を重視する消費行動が見られるようになった．その背景には，商品そのものの価値の消費，つまり，他人と同じ商品の顕示的所有価値や品質レベル，機能（使用）価値を消費する均質的な成熟消費社会から，デザイン，スタイル，カラー，商品のもつストーリー（ブランド）など無形なものに価値を置く消費への転換がある．大量生産・大量消費に象徴される均質的成熟消費社会が終焉し，消費の記号化社会[2]へと変容していったのである．

1970 年代ではモノ（主として家電商品を主体，自動車も含む耐久消費財）の普及が飽和状態（カラーテレビ 90%以上，乗用車 60%近くの普及率）になり，記号化社会への変容は，これまでと違ったモノの差異を求める傾向が強くなることを意味する．差異化へのニーズがおこったのは，消費者が，これまでのモノの消費から記号の[3]消費に転換したことを示す消費現象のキーワードと言える．

また，差異化を欲求する消費傾向に加えて，2 度のオイルショックを契機に，これまでのモノにこだわる「消費は美徳」とする消費価値観から「節約は美徳」とする消費風土が生じた．個人消費を見ると 1974 年には戦後初めてマイナス成長を示した．これまでの家電製品や自動車など経済成長期を代表する高額な耐久消費財から，生活に密接に結びつく生活必需品などを重視する消費行動に変化した．オイルショックを経て，1970 年代

62

から 1980 年代にかけて「モノ離れ」の傾向が強まった．

モノの機能価値や使用価値を重視する本来的商品属性への欲求が，モノのもつイメージやブランド，カラーなど感性的差異欲求や節約的志向が萌芽した．その要因は，モノの過剰消費への反省意識とオイルショックを契機に資源の有限性を認識し，大量生産による受動的な消費欲求を満たすことは資源の浪費をもたらし，そしていつの日か枯渇する[4]という消費者の危機感が生じたことが挙げられる．さらには，他人指向的な同質性消費から自分という視点で，自分個人，自分主体という認識に基づく消費行動をとるようになったことが指摘できるであろう．いわば，消費という領域を個人の生活のあり方という視点で捉え始め，自分，家族，家庭という自分主体をベースに，必需的消費，選択的消費のいずれについても，品質や価格等を比較検討し選択するといった厳しさと賢明さをもった消費行動を強めたことも指摘できよう．

消費者ニーズの多様化の背景要因として消費価値観の変化を挙げることができる．すなわち，生活必需品や耐久消費財が普及し，物質的に満ち足りたモノ主体の消費から，楽しさ，安全・安心，健康，教養，刺激など精神的，感覚的な欲求や趣味趣向のニーズを満たそうとする消費志向の高まりへと変化したのである．特に，バブル崩壊（1991年）およびリーマンショック（2008年）と2度の経済危機以降，長期の景気低迷により生活防衛のニュアンスを強めた消費行動をとるようになった．生活必需品などの購買行動では，品質を考慮しながらも価格志向の高い商品を選択する傾向が見られるようになった．一方，目的志向の強い旅行や観劇など文化消費においては贅沢消費を志向するなど，個人の主体的満足のためには費用を惜しまないといった消費行動の二極化現象も見られ，多様化と個性化傾向へと変化をした．

さらに，近年の消費者は環境問題意識も高く，そのことが消費行動に反映していることも指摘できよう．生活する上で必要度が高い生活必需品等は，エネルギー浪費や環境問題を内包したかたちで進展してきたことから，

エネルギー依存を可能な限り減らし，環境問題意識に基づく消費のあり方を志向する傾向も強まった．いわゆる「省エネ」という言葉に象徴されるような消費環境の形成 5) がなされ，消費者個人のみから消費ニーズを探り満たすという姿勢から，家庭，地域，社会，国，グローバルといった社会的視点を加味した消費行動をとる傾向が高まったことも，消費の多様化を促進する要因のひとつといえよう．

1-2．生活の質と消費：モノからサービス消費へ

　モノ離れの消費行動の傾向は，サービス商品消費へと転換していく．消費が生活維持という枠内から飛び出し，モノに余裕のある生活を享受できるようになる 1970 年代，1980 年代においては，商品価値に対する消費者ニーズが，商品の機能的合理価値よりも商品イメージやブランドの意味（ブランド・ストーリー）など文化的価値（前述した記号化と称してもよい）を重視する，すなわち差異化，個性化の消費行動特性が顕著になったことは前述した．モノ離れの要因は，モノ溢れであり，非モノ（サービス商品）へ消費者の目を向けさせるのは，成熟消費社会の必然的流れとも言えよう．差異化，個性化への消費ニーズの転換は，モノの普及の高まりを乗り越えようとする企業の意図的な差異化政策に拠ることが多い．さらには，消費者が生活上の心理的ゆとり感あるいは問題意識をもったことも要因として挙げられよう．

　サービス商品へのニーズが高まる社会構造変化に焦点をあてて見ると，家族環境や家族構成の変化が挙げられる．次節で述べるが，少子化，高齢化の進行，女性の労働市場への進出，個人世帯の増加などにより，これまで家族内で処理されていた家事や育児，あるいは介護などを代行するサービスを利用するいわゆる外部サービス化の傾向が高まったことによることが多い．

　また，生活意識や価値観の変化も指摘できる．共働きの普遍化，家族の個人化 6) など社会環境の変化は，時間コストの節約や処理の質や比較を

考慮し，家族，家庭内での家事や育児，介護といった家事労働を，外部サービスに依存したほうが時間の有効活用や肉体的疲労の回避，精神的ゆとりの確保やストレス解消に利するといったことが挙げられる．さらにはそれらが，経済的にも割に合うかどうかという合理的，経済的意識が普遍化したことや家族の義務観や倫理観の変化などが挙げられる．

さらに，近年の情報通信技術革新の進展も，移動，料理・食事，買い物などの場面で手間の省力化，インターネットショッピング等による時間の節約や移動時間の短縮化による余裕ある，目的に適した旅行などレジャーの楽しみ方ができるなど，時間サービスやコスト・パーフォーマンスを考えての節約型サービス，あるいは精神的肉体的にゆとりが享受できるサービス志向の高まりなどが要因として挙げられる．これらの時間や生活面でのゆとりや手間の省力化サービスへのニーズは，今後ますます高まると推測される．

娯楽サービスを見ても，従来の映画，音楽，演劇，遊園地，動物園など，それぞれが独立した単体娯楽サービスの消費者ニーズから，より大規模化，モノ（建物・敷地・装置）と文化的要素（テーマ，ストーリー，アトラクション，ブランド，イメージなど）と人的サービス（接客サービス，食事，宿泊，案内，エスコートなど人的，空間的，ホスピタリティ的要素）などが複合したサービス志向が強まった．いわば，より質の高い，内容の濃い総合的なサービスを求める傾向に変化していると言える．

質的消費への関心の高まりは，物質的生活水準を満たす消費から生活者という視点で消費を検証する意識をもつ消費者の増大と関係している．1980年代から1990年代にかけて「生活の質（QOL : quality of life）」が注目され，社会学分野などで議論され始めた．生活を物質的な面から量的に捉えるのではなく，個人の生き甲斐や精神的な豊かさを重視して質的に把握しようとするこの論議の動機は，経済発展により得られた消費の成熟化社会が果たして真の豊かさをもたらすものなのか，という知識人からの疑問や，消費市場で企業と対極に位置する消費者が，企業の過剰な消費促進の

デモンストレーションに踊らされたとする反省や見直し，またその認識の高まりによると言えるだろう．

　質的消費という概念は，消費行動プロセスでは，購買時点での価格と商品・サービスの品質や機能の経済性や適合性など比較検討し，合理的判断と行動，消費段階での使用・保管・廃棄または再利用といった消費サイクルから見た機能性や合理性に基づく消費行動を指す．さらには，生活者という視点から価値ある生活のあり方を経済性だけではなく，安全・安心，教育・教養といった心理的文化的視点や，社会にとっての有用性という視点から捉える消費姿勢と消費行動などを総合的に内包する概念と定義できよう．

　質的消費，特に生活の質に関しては，心理学，社会学，生活学，消費文化論，経済学などの各研究分野で論議されることが多い．マクロ的には豊かさや，心や精神の安定，文化，健康，福祉など精神的な欲求や社会的ニーズにも関連してくる．また，生活の質を考察する際は，その多様性[7]に注目する必要がある．同様に，質的消費についても，モノの充足といった量的側面と消費欲求あるいは欲望といった定性的側面の多様な視点から捉えることが求められる．特にサービス商品は，そのニーズに関してはコスト・パフォーマンスやニーズ充足の度合いが，消費者個人の主体的感性や価値観，性格，あるいは個人の特性であるデモグラフィックな属性などに影響を受けることが多い．同質的ニーズであっても人によって内実は微妙に異なり，それに対して同質レベルの満足を一律に実現するのは難しい．これからの質的消費ニーズの充足には，モノにおいてもサービスにおいても購買者，消費者のみならず生活者の立場にたった3つの総合的観点から考察することが求められる．今日，消費行動の把握には生活領域まで拡大する理由はそこにある．

2．現代社会の変容

2-1．少子化・高齢化社会

　終戦後，日本は「団塊の世代 (1947 年～ 1949 年)」と言われる第一次ベビーブームを迎えた．その世代が結婚・出産期に至り第二次ベビーブーム (1971 年～ 1974 年)[8] となった後，出生率の低下により長期にわたり人口が減少し，近年，少子化問題となって，日本の将来にわたる深刻な問題となっている．日本の合計特殊出生率 (女性が一生涯に産む子供の平均数) は，1.41 (2014) である．また，少子化問題と並行して日本は，65 歳以上の高齢者人口の増大という問題にも直面している．

　日本の場合，人口の高齢化の問題は，高齢化率の進展速度である．65 歳以上の高齢者人口が，7％台に達したのは 1970 年である．24 年後の 1994 年には 14％台と，本格的な高齢社会を迎えた．欧米先進国の場合，高齢化の速度は 40 年から 100 年と緩やかな進展状況を示しており，時間的余裕をもって高齢化への対応を図ることが可能で，社会のインフラや人々の意識も，ゆっくり時間をかけて高齢社会に順応していった．しかし，日本の場合，高齢者の割合が 7％から 14％になったのは，たかだか 24 年間と短期間であり，いまだ人口が増加していた高度経済成長期の制度や人々の意識が残存している．日本の高齢化問題の緊急性と深刻度は極めて高い．『高齢社会白書』(内閣府，2013 年) によると，65 歳以上の高齢者人口は，3079 万人 (前年 2975 万人) で，総人口に占める割合 (高齢化率) は，24.1％ (前年 23.3％) に上昇している[9]．また，後期高齢者と称される 75 歳以上の高齢者人口を見ると，1519 万人，高齢化率は 11.9％である．生産年齢人口の減少と高齢者人口の増加という問題を抱える日本においては，働き手が激減するにもかかわらず，医療，介護など，国からの社会保障給付が拡大するおそれがあり，国の財政に関して将来的にも大きな不安定要素となっている．経済の安定した維持，発展が極めて難しく，日本の

将来が懸念される．急速な高齢化の進展に対しては，医療，介護を主体に，老後の安定した生活環境等が保障される実効性のある対策や健康を維持しつつ歳を重ねる高齢社会への対応，さらには高齢者の雇用環境の整備による国の財政負担の軽減策など早急に検討，確立することが必要である．

　将来にわたって日本経済を支えるためには，少なくとも1億人程度の人口を維持するための対策立案と実行が急務の課題である．子供を養育し一人前の社会人として育て上げるまでには長期間かかり，保育施設の整備や教育，雇用環境の整備など，国や地方行政体にとって膨大な予算の負担が見込まれる．少子化問題の解決は容易ではない．

2‒2．高齢化社会と消費市場

　総務省統計局「家計調査年報」および「（財）日本統計協会」（2003年6月）のデータからサービス関係の消費支出費目のうち3費目の構成比推移（1975年〜2013年）を見ると，医療保険（2.7%（1975年），3.1%（1995年），4.1%（2005年），4.2%（2013年6月）），交通・通信（同様の年代順に3.0%，9.3%，12.1%，13.9%），教養娯楽費（9.4%，8.7%，9.3%，10.7%）[10]である．医療保険は，年齢階級別で確認をしなければならないが，高齢化人口の増大に関連して支出が増加していることが推測される．交通・通信の増大傾向は，インターネットや情報通信技術の普及によるものと思われる．これらの消費支出費目の変化を見ても，サービス商品への消費ニーズの高まりが窺える．

　高齢者の消費について，経済産業省　経済活動分析調査（2012年1〜3月期）によると高齢者世帯の年間消費支出額（2011年）が100兆円[11]を超えた．子育て世代や子供への教育世代，あるいは住宅ローン支払い世代に比して，高齢者の消費意欲は旺盛でもある．前述の調査で，他の世代（59歳以下）と比べて消費支出額の大きい費目として，光熱水道費目を除くと，交際費（子供，孫への贈与金を含む），食料，保険医療，家具・家事用品が挙げられている．本項冒頭でも述べたように，介護や医療消費の支出が大き

いが，一方では，住宅ローンや教育費などの負担が無くなった高齢者の自由裁量所得の割合は，働き盛りの世代よりも比較的多く，元気な高齢者対象の消費市場として，旅行や娯楽，フィットネスなどスポーツ分野への消費期待も大きい．その他，時間的，経済的余裕のある高齢消費者は趣味や音楽（楽器購入，音楽教室でのレッスン），園芸など，個人的ニーズの高い分野への消費欲求が高く，さらに，老夫婦向け旅行や，テーマパークなど子供や孫が喜ぶ娯楽関連施設などへの付き添い消費の市場も有望視されている．

日本では，高齢社会への意識が，その速度に対して反比例しネガティブなイメージをもつ傾向がある．欧米では，成熟することは，ポジティブに捉えられる [12]．定年後の長期にわたる生活を過ごす高齢社会には，新たな市場開拓の可能性は高い．誰でもが迎える高齢期をより実あるものにするために再認識が必要である．

3．女性消費者の多様化

3-1．女性の社会進出の背景

日本の高度経済成長期時代の女性は，結婚を機に退職をする寿退社が一般的であった．結婚を境に専業主婦という選択肢をほとんどの女性が選択した時代である．「男性は外で働き，女性は家事，育児」という，いわゆる性別役割分業により日本は高度経済成長期を一気に駆け上がっていった．この性別役割分業により，女性が家事，育児を分担することで，男性は安心して外で仕事に励むことができた．男性は，年功序列賃金制度や終身雇用制度，企業別労働組合の日本型雇用制度の下で，生涯同じ職場で働き続けることができた．この性別役割分業は，うまい具合に当時の日本社会の発展に寄与してきたことは否定できない．収入のない専業主婦は，必然的に男性の稼ぎの範囲内で家族の生計を立てていくことを任された．専

業主婦は，消費者ではあったが，それは夫の稼ぎを利用するに過ぎない．
このようなアンペイドワーク（無償労働）をこなす専業主婦が存在したか
らこそ，日本の高度成長期が存在したのである．当時の多くの女性は，専
業主婦，子供 2 人，郊外に一軒家，育児と家事をこなしていくという同じ
ようなライフスタイルを辿った．

　しかし，1986 年男女雇用機会均等法やその他の法整備が進み，女性の
高学歴化も進み，女性たちは，積極的に社会進出をするようになる．これ
まで夫の稼ぎでしか生活をすることができなかった女性たちは，自らの労
働力で稼ぎ収入を得て，自らが真の消費者となったのである．それ以前は，
限られた夫の稼ぎからどうしたら節約できるのか，どうしたら貯金はでき
るのか，どうしたら子供の教育や必要なものを買うことができるのかと，
自分のことは後回しにして家族のために試行錯誤をしてきた専業主婦が，
これまでの消費行動とは異なった行動をし始める．

　共働き世帯数から女性の社会進出を見ると，高度経済成長期以前は，圧
倒的に専業主婦が多いことがわかる．昭和 55 年以降徐々に専業主婦の社
会進出が進み，2000 年以降は，共働き世帯数が逆転をする．この傾向は，
今後さらに増加すると予想される（図 1）．昭和中期と現在では，共働き世
帯の男性と女性の収入では差異が存在し，それに伴い消費動向も事情は異
なった．昭和中期〜後期の共働き世帯では，妻の収入は，ほとんどが夫の
それを上回ることもなく，非正規労働としての働き方が主流であった．妻
の収入は，夫の収入を補う程度の補助的な収入に過ぎなかった．このよう
な状況下で消費に対する意識も以前の性別役割分担時代とさほど変化はな
く，かろうじてよりよい生活を維持することにあった．

　日本の女性労働の特性である d から女性労働者の現状をみると，M 字の
谷部分に位置する 30 〜 34 歳，および 35 〜 39 歳の年齢階級については，
2002 年の底が各々 60.3％，61.8％，2011 年は，67.5％，67％，2012 年
は，68.6％，67.7％である．3 ヶ年の底の比率は，年々上昇している．
2002 年と 2012 年の 10 年間の対比では，それぞれの年齢階級で 8.3，5.9

図1　共働き世帯数の推移

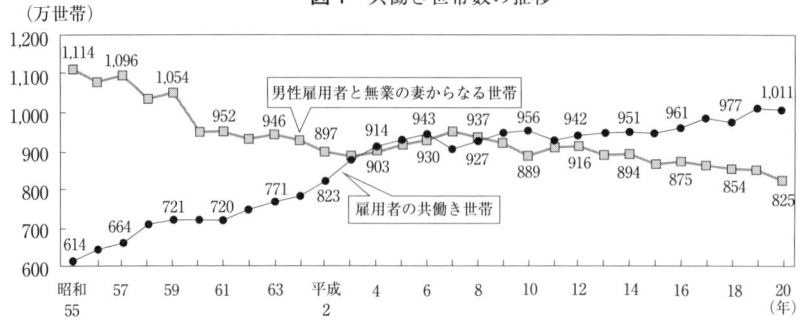

（万世帯）

備考：1.　昭和55年から平成13年は総務省「労働力調査特別調査」（各年2月．ただし，
　　　　昭和55年から57年は各年3月）．14年以降は「労働力調査（詳細集計）」（年
　　　　平均）より作成．
　　　2.　「男性雇用者と無業の妻からなる世帯」とは，夫が非農林雇用者で，妻が非就業
　　　　者（非労働力人口及び完全失業者）の世帯．
　　　3.　「雇用者の共働き世帯」とは，夫婦ともに非農林業雇用者の世帯．
出所：内閣府男女共同参画局『平成24年版　男女共同参画白書』．
　　　http://www.gender.go.jp/whitepaper/h24/zentai/html/zuhyo/zuhyo01-03-17.html

ポイント上がっているが，依然として，出産，育児による退職が増える傾向も示している．また，2011年と2012年のM型就業形態の谷部分が，年々右側にシフトしているのは，晩婚化や出産の時期の遅れが理由として考えられる．M型就業形態の女性労働者の独身，既婚，子供の有無等を見ると，2002年から比べて上昇している底部分は，多くが未婚の女性もしくは既婚で子供のいない女性である．

　女性の社会進出が進んでいる国ほど，合計特殊出生率が上昇している（図3）．働きながら子育てがしやすい環境が整備されているからである．日本のM型就業形態の底部分を上昇させているのが，独身の女性や子供のいない既婚女性である以上，日本社会は，まだまだ子供のいる働く女性にとって厳しい現実であることがわかる．子供のいる働く女性への，国，企業，家庭での早急な対応が望まれる．

図2　女性の年齢階級別労働力率

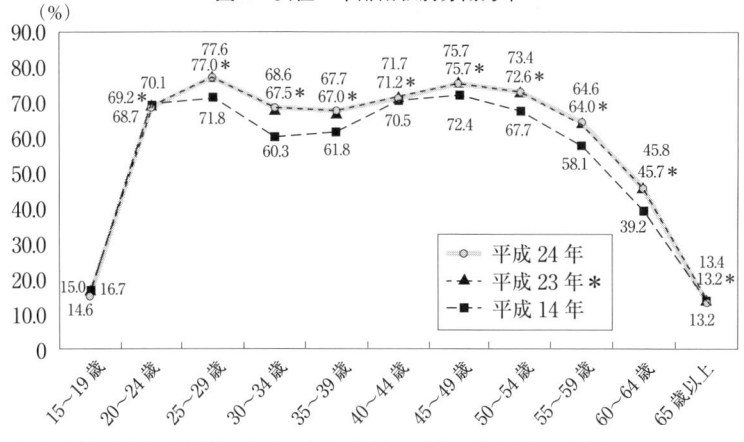

出所：厚生労働省雇用均等・児童家庭局『平成24年版　働く女性の実情』3頁，
http://www.mhlw.go.jp/bunya/koyoukintou/josei-jitsujo/dl/12b.pdf「働く女性の
実情」

図3　合計特殊出生率と女性労働力率の正の相関関係

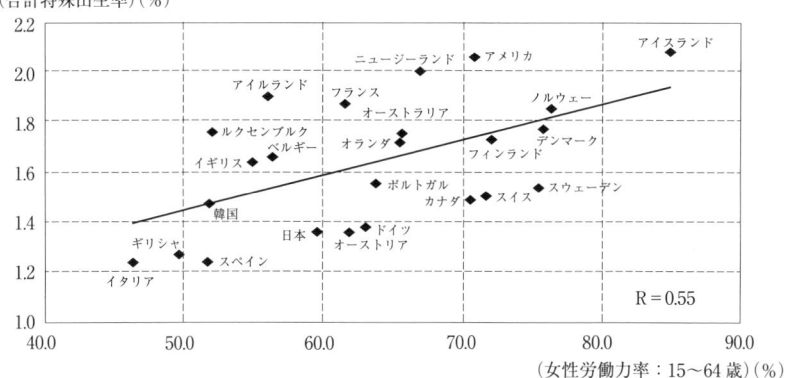

資料：Recent Demographic Developments in Europe 2004，日本：人口動態統計，オース
トラリア Births, No. 3301，カナダ：Statistics Canada，韓国：Annual report on the
Vital Statistics, ニュージーランド：Demographic trends, U.S.：NationalVital Statistics
Report，ILO Year Book of Labour Statistics より作成.
注：女性労働力率：アイスランド，アメリカ，スウェーデン，スペイン，ノルウェーは，16
歳〜64歳，イギリスは16歳以上.
出所：内閣府「少子化と男女共同参画に関する社会環境の国際比較報告書」平成17年，34頁.
http://www.scj.go.jp/ja/info/kohyo/pdf/kohyo-21-t119-2.pdf#page=40

3-2. 多様化する女性の消費動向

　以上のように日本の働く環境は，まだまだ未整備ではあるが，結婚後も就業を続ける女性は年々増加し，ライフスタイルに合わせて就業形態を選ぶことも可能となった．主婦業と兼務で非正規社員として働く女性も増加し，また男性と同様にキャリアを重ね，管理職等に昇進する可能性も増えてきた．

　少子化，高齢化に伴う労働力不足という，将来にわたる困難な問題に直面している日本社会は，主な対応策として女性労働の活用にも注目している．女性労働の活用については，法制度の整備が先行するかたちで進められてきた経緯がある．前述した1986年の男女雇用機会均等法の施行（2007年2次改正法施行）に遡ることができる．その後，女性の社会的性差の改善および救済に向けて1999年男女共同参画社会基本法が制定・施行され，育児，介護等で仕事を中断された女性の仕事の復帰，再チャレンジを促進する傾向が高まっている．また，1990年代以降，女性労働力の確保および活用を視野に入れた，育児・介護休業法（1999年制定，2010年改正法施行）が制定・施行され，女性労働力に対する社会全体の意識変革と積極的な取り組み環境が醸成されつつある．企業もダイバーシティの取り組み等により，女性を積極的に活用し多様な人材の活用に力を注ぎはじめている．

　かつての専業主婦のように夫の収入により自分の生活が決められてしまう時代とは異なり，女性が自らの労働により得た収入で消費行動をとるようになった．

　徐々に働く女性が増加し，女性のライフスタイルも多様化した．以前の様に家事，育児に追われ家族の帰宅時刻に合わせて夕食の準備をするというわけにはいかず，どうしたら働きながら家事や育児もこなしていくかを考えるようになる．これまでのように買い物にゆっくり時間を割くこともできず，通勤時や昼休み等を利用してインターネット経由で買い物の情報を得て，中には買い物もインターネットですますという消費スタイルも様変わりしつつある．

　中には男性よりも高額な収入を得る女性があらわれている．かつての夫に依存してきた専業主婦から経済的にも精神的にも独立をした女性が，自らの収入で自分のライフスタイルを築いていく時代が到来したのである．結婚をしない男女，結婚しても子供を作らないカップルもいる．晩婚化現象も加速していることが日本の女性労働者のライフサイクルと言われる M 型就業形態を歴史的に辿ると理解できる．

　この様な多様なライフスタイルに対して，個々の消費行動も多様化している．女性の労働市場への進出を促進し，日本特有の M 型就業曲線を改善，解消するためには，家事，育児，介護分野などのサービス市場，家事代行サービス市場の充実，育児負担を減らす保育サービス市場の拡充，家族のサポートや企業の支援も望まれる．共働きであれば，経済的な余裕はあっても時間に制限があり，家事代行サービス等の利用者のアウトソーシングは，今後も増加するであろうと予想できる．またデパートやスーパーマッケット，コンビニエンスストア等のお弁当や惣菜売り場の充実を見ても，利用する人が増加していることが読み取れる．

　働きやすい環境づくりのために，家事・介護ロボットの活用など技術革新に伴う市場の可能性も期待できよう．多様な働き方に応じた時間的，場所的柔軟性を支えてくれる利便性の消費ニーズ，子育て，介護に利する消費ニーズに応える新たな市場の誕生は，女性の就業率アップの実現に，積極的な影響を与えると考えられる．

4．情報社会と消費

4-1．ネットワーク時代の消費者

　情報通信技術産業の進展は，技術面での著しい進歩と共に低価格化傾向が進み，個人の生活においてもパソコンをはじめタブレット端末，スマートフォンなど多様なモバイル端末機器が急速に普及している．総務省『平

成 25 年版情報通信白書』によると，インターネット利用者数は，2012 年末では 9652 万人，前年対比で 0.4％増，利用人口普及率は 79.5％，前年対比 0.4％増となっている．また，各端末別の利用状況は，自宅パソコンが 59.5％で最も多く，以下，携帯電話 42.8％，自宅以外のパソコン 34.1％，スマートフォン 31.4％，タブレット 7.9％と続く．情報端末によるインターネット利用率は世代によって異なるが，1964 年の東京オリンピックから 2000 年に生まれた世代（13 ～ 49 歳）の利用率は 9 割以上である．

インターネットの利用目的の中で消費行動に直接もしくは間接的に関連のあるものを挙げると，「ホームページ・ブログの閲覧」62.6％，「商品・サービスの購入・取引」56.9％といずれも上位 2, 3 位を占めている（利用目的の 1 位「電子メールの受発信」63.2％）．インターネットの急速な普及は，企業から消費者へ情報（マス・メディア情報）を一方的に提供するマス・メディアに代表される従来のマーケティング・コミュニケーション活動を，ドラスティックに変革させた．これまでの消費者は，マス・メディアを通じて情報を一方方向に受け取るだけで，その情報に反応もままならぬ「もの言えぬ消費者」として弱い立場にあったと言える．

インターネットの普及拡大に伴い，インターネットショッピングを利用する消費者が増加している．2002 年の利用率 20.6％に比較して，2010 年では 36.5％と，9 年間で 15.9 ポイント上昇している．人数にして約 1430 万人から 3450 万人が，インターネットショッピングを利用しており，この上昇傾向は今後とも強まることが推察される（図 4）．高所得女性の多くが，インターネットによる決済を利用している [13]．

ソーシャル・メディアが構築され Twitter や Facebook, Line, mixi などのソーシャル・ネットワーキング・サービス（SNS）を利用し，個人（消費者）間のみならず企業と個人との双方向のコミュニケーションも拡大している．情報受発信の力（能力）を消費者が手にするや，これまでの企業と消費者の跛行状態だった関係が飛躍的に変化した．このことは，イン

図 4　インターネットショッピングの利用状況

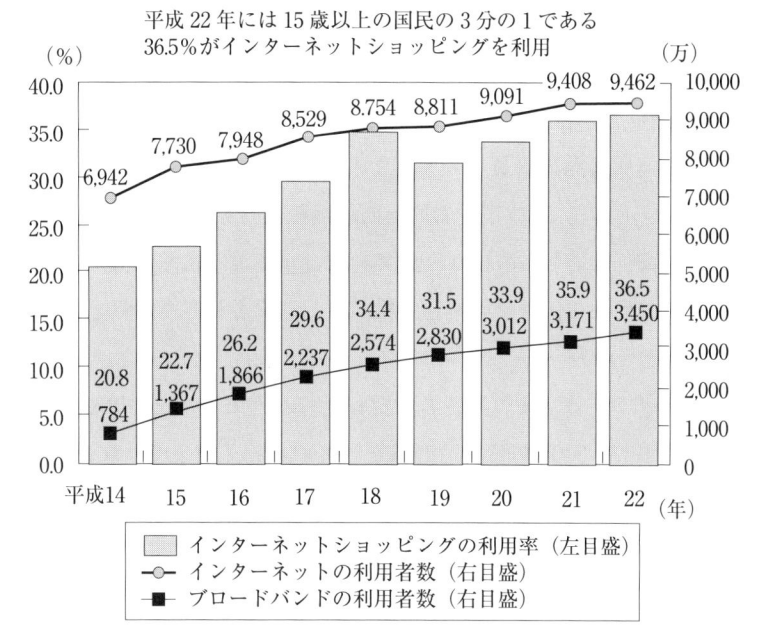

平成 22 年には 15 歳以上の国民の 3 分の 1 である
36.5％がインターネットショッピングを利用

□ インターネットショッピングの利用率（左目盛）
─○─ インターネットの利用者数（右目盛）
─■─ ブロードバンドの利用者数（右目盛）

出所：総務省「ICT インフラの進展が国民のライフスタイルや社会環境等に及ぼした
影響と相互関係に関する調査」（平成 23 年）.
http://www.soumu.go.jp/johotsusintokei/whitepaper/ja/h23/html/nc213310.html

ターネット時代の消費者行動に革新的な変容をもたらした.

今日，パソコンやモバイル端末を通じてウェブや SNS など交流サイト
を利用することによって，商品・サービスを提供する企業側と消費者の双
方向のコミュニケーションが容易に可能になり，企業側は，消費者の声，
要望（needs/request）などを収集することができるようになった. それに
よって商品・サービスの情報をより的確に把握できるチャンスが増大した.
インターネットを活用することにより個としての消費者との双方向コミュ
ニケーションも可能となり，消費者の購買動機や嗜好をバイアスの少ない
状態で掴むことも可能となった.

さらには，インターネットを利用して企画力のある消費者が，企画や開
発の場にも参画し，企業と消費者の協働による商品開発やサービス提供も

現実化している[14]．SNS 等の消費者同士間の情報交流を可能にし，消費者相互のコミュニケーションで語られる商品やサービス，企業の評判などの情報は，消費者の消費・購買行動に大きく影響を与える可能性が高く，企業側の貴重な情報源ともなっている．

　かつての消費行動の購買心理過程として AIDMA が一般的であったが，インターネット時代では，消費者同士間の情報交流も容易であることから，消費者が購買行動をとる際には，消費者自身が多様な情報通信メディアを使用して多方面から情報を収集し，検討し，消費者双方で情報を共有することが可能となった．

　インターネット普及後の消費者購買行動の心理モデルを AISAS[15] として電通が提唱し，2004 年に商標登録をしている．その 5 つのステップは，Attention（注意）→ Interest（関心）→ Search（検索）→ Action（行動＝購買）→ Share（情報共有）を表している．以前の AIDMA だけでは，消費者の心理や購買行動を説明できなくなった．AIDMA から Desire（欲求）と Memory（記憶）がなくなり，3 番目のプロセスとして Search と Action 後のプロセスとして Share が追加されている．この Search は，製品やサービスに関心をもった消費者が，購入前にネットなどの検索サービスで情報を調べるプロセスを示し，Share は，ブログや SNS，口コミサイトなどで，製品やサービスの感想などの情報を投稿（情報共有）するプロセスを示している．この 2 つが，購入決定の要因として重要視されている．

　AISAS モデルには，インターネット時代における消費者購買行動の心理モデルの特徴が反映されているが，すべての消費者の行動心理が AISAS で説明できるというわけではない．例えば，購買頻度が高く，購買の意思決定時間も短く，感情的要素（消費者の嗜好）に依存していることが多いモノやサービスは，購入する前に検索をしたり，購入したあともインターネットで情報共有をしたりすることは少ない．さらに，AISAS は，自ら能動的にインターネット等で検索することが前提となっており，ソーシャル・メディアの普及により情報が他者からも受動的にもたらされる現状で

は，新たな消費行動モデル提唱の必要性がある．

　さらに消費者行動のプロセスには，アンヴィコミュニケーションズが提唱（2004 年頃，宣伝会議 2005 年 5 月 1 日号掲載）した AISCEAS がある．Attention → Interest → Search → Comparison → Examination → Action → Share の 7 プロセスをとる．AISAS に，さらに比較，検討というプロセスが追加され，AIDMA と比べると，消費者プロセスが大きく変わってきていることがわかる．この AISCEAS も AISAS 同様，すべての消費者の行動心理が説明できるわけではない．例えば，購買したものが嗜好に合わなかった場合，購入前に検索・比較・検討・購入後の情報共有をすることがない場合もあり得る．特に，低価格の日常品であればなおさらである．アンヴィコミュニケーションズでは，「AISCEAS は，機能価値の高い商品やサービスだけにおける購買行動」と説明している [16]．

　消費者プロセスの背景には，比較サイトやウェブのレビューなどの急速な普及の影響が大きい．消費者は，購入する前に様々な比較サイトで同一商品・サービスや類似商品・サービスを比較検討し，それらの商品・サービスをすでに購入した消費者からの意見を参考に，購入するか否かの判断を決めるプロセスをとる．かつての Web1.0 時代には，消費者は，企業側からの一方的な長所のみの宣伝広告しか情報源がなかった．しかし，Web 2.0 [17] 時代以降，すでに購入した消費者からの声（レビュー）を通じて確実に情報交流ができるようになり，AIDMA の時代には，想像もつかなかった「情報交流」がまさに消費行動心理把握の重要な情報源となっているのである．

　企業側から見ても，インターネット利用により消費者との密着頻度や情報交流度合いなどが格段に向上し，従来のマーケティング・セグメントした顧客よりも，さらに細分化したパーソナル化が可能になり，「個客」としてアプローチできるようになった．したがって，デモグラフィックな情報や購買歴に加えて，消費・購買動機や嗜好，要望，関心ごとなど定性的な情報についても知る可能性が期待できる．マーケティングに高額な経費

をかけずとも，消費者の声やニーズを吸い上げることができるようになっ
たと言えよう．

　消費社会において，まさに，ユーザー・セントリック（シチズン・セント
リック）[18] の時代の到来である．インターネットが普及してわずかな期間
に，消費者行動の心理プロセスがここまで変容する時代を迎え，今後もさ
らに変化し続けると予想される．

　これからの企業のマーケティング活動においては，従来の情報収集・分
析に加えて，新たなネット時代に適した交流サイト，ビッグデータなど多
様な仕組み，モバイル端末の活用などによって多種多様に発生する膨大な
量の消費者情報を正確に，迅速に収集し，分析・活用することが可能にな
り，その成果が期待されている．

4-2．消費行動の変容と新たなアプローチ

　前章に関連するが，近年の少子化，高齢化に伴う若年労働力不足，女性
の高学歴化や就業意識の変化，さらに，社会，企業，家庭，個人の情報通
信技術の利用やサービス経済化の進展，グローバル化などの急速な変化の
影響の下に，多様な働き方が進行している．

　総務省「平成 24 年度人口統計」によると，生産年齢人口割合（15 ～ 64
歳）は，62.9％，高齢化率（65 歳以上人口割合）は，24.1％である．前者は，
年々減少し，後者は上昇傾向にある．特に，生産年齢人口減少への対応は，
緊急性のある課題である．

　今後の労働力人口の減少に備えて，産業，企業，経済の競争力を高めて，
かつ，どのように維持していくかは，諸政策・制度，ハード・ソフトの研
究開発や技術革新のイノベーティブな進展が期待されるが，労働力と人材
確保・活用という点から期待されているのが，アベノミクスでも提唱され
ている女性労働の活用である．女性の労働環境もいまだ解決すべき問題が
多々ある日本社会であるが，少しずつではあるが働きやすい状況が整備さ
れつつあると言えよう．

　少子化，高齢化に伴う労働力不足への危機感から，労働需要側として企業での女性労働の積極的活用姿勢が高まってきた．さらには，企業の能力評価を主体とする傾向が強まるに伴い，従来の性差に対する意識が希薄になってきたことも背景にあると考えられる．また，働く上で重要な課題である「ワーク・ライフ・バランス」への動きが，国，地方自治体，企業などでダイバーシティ等の政策や経営課題として採り上げられ，活発に取り組む姿勢が強まってきたことも挙げることができる．男女共同参画社会の意識の高まりや「ワーク・ライフ・バランス」を肯定的に捉えるようになりつつある姿勢から [19] 官民のポジティブに取り組む姿勢が窺える．さらには，女性の高学歴化に伴い，キャリア計画に基づいて能力やスキルを高めていこうという姿勢をとる女性が増加しており，それを受け入れる社会が徐々にではあるが確実に育ちつつあることも指摘できよう．法的制度に関しても，男女雇用機会均等法（1986 年制定）施行や 1999 年 1 次改正（1999年施行）2 次改正均等法（2007 年施行），育児・介護休業法（2010 年改正法施行）など女性が働きやすい法的・制度的環境整備がなされてきたことなども挙げられる．

　東日本大震災を経験した日本は，時間や場所を働く者のニーズに応じた柔軟な働き方を選択することがますます強まると思われる．働く側も自らの仕事の選択眼をもち，自己責任感を認識する姿勢が強く求められよう．また，企業側も柔軟な働き方を受け入れ少子化，高齢化社会においても，またいかなる危機にも対応できるような，生産性が高く，高付加価値を生み出す雇用システムの構築が早急に求められる．

　労働力人口減少が極めて緊急性のある問題としている日本にとって，女性労働の活用を推進するためには，出産後の育児や介護の両立支援を図る有効な働き方として通勤不要のテレワークをより一層普及していくことも必要である．テレワークは，情報通信機器を利用し場所，時間にとらわれずに働くことができる就業多様化に対応した働き方のひとつである [20]．

　テレワークのような働き方を普及するに従って，生活時間，生活空間，

生活手段，家族関係など生活を継続的に維持・向上させるための新たな消費市場が創り出される．例えば，在宅テレワークでは，家事，食事，ショッピング，育児，介護，安全などの外部（代行）サービス市場を利用する機会も増えることが予測される．また，ワーク・ライフ・バランスを目指して多様な働き方が普及するに伴い，教育，教養趣味，健康，予防医療，スポーツなどの健康・趣味・医療市場で健康促進サービス市場，金融，家計，法的・行政的問題のコンサルティング・サービス市場，リフォームなど快適空間創造市場，仲間・友人とのコミュニケーションの場づくり，旅行など精神安定市場など，生活，消費，購買の各ステップのシーンで，商品とサービス・ニーズを充足させるための新たな市場が生み出される可能性が期待できよう．

マス・メディア全盛の時代は，新聞・雑誌・ラジオ・テレビに加えて屋外交通広告・チラシ・店頭媒体など利用することで，発信者からのメッセージを消費者へ届ける一方方向のシンプルな構造であった．成熟消費社会の消費者への情報提供手段としてのマス・メディアは有効性を発揮していた．各家庭では，世代間を超えた家族が集い，マス・メディアを通じて情報が伝達され，世代の壁を越えたつながりで情報に触れ，時には意見交換が行われた．職場や学校，地域でも同様であった．

情報化社会にあっては，消費者は，各世代ごとに，さらには性別ごとに細かく分かれ，それぞれ個別に異なる情報に触れるようになった．インターネットの普及により，さらにそれが助長されていく．女性消費者層の消費動向は，単に女性対象ということだけではなく，年齢，既婚未婚別，就労状況，生き方，考え方等女性のライフスタイルに係ってくる．多様化する消費行動への対応が必要である．ネット上には多種多様のコミュニティが形成され，一度も顔を合わさずとも仲間ができるソーシャル・メディア等の登場は，これまでの常識を超えた新たなつながりを形成している．

マス・メディア時代では受動的な情報の受け手として存在していた消費者は，2000年以降の情報端末機器の普及やSNSなど交流サイトの進展に

よって，自ら情報収集し発信者としても能動的に行動することが可能になった．したがって，企業のマーケティング活動もネット時代に適合した多様なメディアを活用して，商品，サービスに関して消費者の本音レベルのニーズを収集，分析，解析し，信頼して愛顧してくれる新商品やサービス開発に結びつけることが強く求められている．

　消費を促すためのマーケティングにおいても，一過性ではなく，消費者と長期的に継続した信頼や商品・サービスの愛顧関係を構築するための新たなマーケティングとして，ネット時代にふさわしいマーケティング潮流としてインバウンド・マーケティング[21]が注目されている．

　インバウンド・マーケティングは，ネット上で，商品やサービスなど自分にとって必要な情報探索をしている消費者（見込客）に，必要な情報をタイミングよく提供しサポートしながら，最終的には見込客に納得理解して購入者となってもらう，さらに推奨者になってPRしてもらうことを目的としたマーケティングである．従来，企業仕様の情報（広告）が，消費者の求める情報か否かに関係なく，大量に一方的に提供する（アウトバウンド・マーケティング）のではなく，消費者が真に求めている情報を適切に選択して提供し，消費者と対話する関係を築いていくことをコンセプトとしている．

　これからのマーケティングは情報通信技術やインフラのさらなる進展に伴い，ビッグデータや多様な交流サイトを活用して消費者と対話接点を構築し，消費者との長い信頼関係を構築する革新的マーケティングへと発展していくことであろう．

　電通では，2011年新たにSIPSという生活者消費行動を提唱した．SIPSは，S（Sympathize）→ I（Identify）→ P（Participate）→ S（Share & Spread）を表し，ソーシャルメディアが主流の時代の生活者消費行動の変化を示したものである．ソーシャルメディアの時代を迎え，まず共感する（Sympathize）ことの重要性と購買行動を企業活動への参加型（Participate）として位置づけている．共感された価値ある情報のみが広まっていく．参加は，購買行

動以外にも必ずしも購買を伴う必要がなく，共感された価値ある情報が広がることで，間接的に他者の購買につながるケースもある．それが結果的に企業活動の販売活動に参加していることにつながる．単に情報を共有するだけではなく，つながりの中で情報共有から情報拡散（Spread）し，溢れる情報の中から自分に有益な情報を受け取ることができるようになった．情報通信技術の進展は，ソーシャル・メディアの出現による「つながり」に進化し，コミュニティ形成に限らずそこから消費者行動やマーケティングにも大きな影響力を及ぼす．今後は，「共感」される価値ある情報をいかに創りあげるかが重要となる．

お わ り に

現代社会に生きる人間にとって，生活するための行為の大部分が「消費すること」と言っても過言ではない．まさに 20 世紀のモダン社会（工業化社会）の次のステージは，モノ・サービスの本来的属性を超えた心理的，イメージ的文化，あるいは労働の対比である "遊び" までを求める社会（ポスト・モダン社会：消費社会）に向かいつつある．その社会で生活する我々は，消費人間である．その消費の多くは，女性が担っている．消費社会とは，人が生きていくために生活で必要なものを購入し，さらには人が己の欲求を満たすために消費する対象に強い関心を持ち，それを得るために行動することによって社会のあらゆる領域に影響を及ぼし，変化させるような社会[22]である．

消費社会は，産業システムの進展だけでなく，社会構造の変化によっても，消費者の受動，能動的ニーズいずれにしても変容の動機を内包している．日本の少子化，高齢化，女性の意識・価値観の変化，高学歴化，社会進出の増加，晩婚化，晩産化，グローバル化，情報通信技術の進展など人口構造や社会構造，就業構造，技術の進展，意識・価値観，倫理観の変化

は，新たな消費市場と消費行動を生み出すであろう．

　例えば，現代社会における革新的潮流ともいうべき情報通信のイノベーティブな進展に目を向けて見ると，これまでにない消費行動の変容が見られる．すなわち，消費者の中には自ら独自に商品・サービス情報を収集し，解釈して，企業側の気づかない，あるいは見落とした貴重な情報価値を企業側に提案する，あるいはソーシャル・メディアのコミュニティ，仲間，メンバーと情報交流をしながら商品やサービスについて新たなアイデアを生み出すなど，企業と消費者の溝が狭くなり，さらにはフラットな関係の潮流が動き始めている．

　新たなインターネット時代の消費社会において，情報通信インフラや端末機器等の普及により，消費者との接点を密接にしながら，企業は相互に情報を収集，発信，活用するための戦略構築が求められる．人や組織など個々のもつ多様な「知識」を連携・共有し，より有用な知識を創造していく社会を築かなければならない[23]．ナレッジの活用，情報のあり方が消費社会のカギを握る時代に変容していると言ってもよいであろう．

1)　D. J. ブァスティン，新川健三郎訳（1992）『アメリカ人：大量消費社会の生活と文化　上』河出書房新社 109-192 頁. Daniel J. Boorstin, *THE AMERICANS: THE DEMOCRATIC EXPERIENCE*, Vintage Books, 1974, pp. 91-100.

2)　星野克美，岡本慶一，稲増龍夫，紺野登，青木貞茂（1985）『記号化社会の消費』ホルト・サウンダース・ジャパン，14-21 頁，22-26 頁.

3)　ジャン・ボードリヤール，今村仁司・塚原史訳（1995）『消費社会の神話と構造』紀伊國屋書店，67-68 頁.

4)　1970 年設立．世界各国の科学者，経済学者，経営者，教育者から構成される国際的民間団体「ローマ・クラブ」の報告書『成長の限界』（1972）を発表し，天然資源の枯渇，公害等により環境汚染，工業化の進展，発展途上国の人口急増が続くならば，100 年以内に成長の限界に達すると警告している.

5)　中本博皓（1995）『現代の消費経済と消費行動』税務経理協会　113-116 頁.

6)　青木幸弘，新倉貴士，佐々木壮太郎，松下光司（2012）『消費者行動論―マーケティングとブランド構築への応用』有斐閣アルマ　112-124 頁.

7)　三重野卓（1990）『「生活の質」の意味』白桃書房　45-56 頁.

8) 総務省統計局『人口推計（平成 23 年 10 月 1 日現在）』http://www.stat. go.jp/data/jinsui/2011np/ 平成 26 年 6 月 10 日閲覧.

9) 内閣府「平成 25 年度版 高齢社会白書」http://www8.cao.go.jp/kourei/ whitepaper/w-2013/gaiyou/pdf/1s1s.pdf 平成 26 年 6 月 10 日閲覧.

10) 総務省統計局「家計調査年報」および 2013 年度 6 月は「財）日本統計協会」. 全世帯分のデータ.

11) 経済産業省大臣官房調査統計グループ「産業活動分析 平成 24 年 1〜3 月 期」http://www.meti.go.jp/statistics/index.html 平成 26 年 6 月 10 日閲覧.

12) 関根千佳「人財イノベーションと ICT」, Nexcom Vol. 18, 2014, 34 頁.

13) 川津のり「ライフスタイルを創造する新しい女性消費者群」『知的資産創造』 2007 年 3 月号 99 頁.

14) 1980 年代すでに未来学者 Alvin Toffler は著書『第三の波』で prosumer の概 念を述べている.

15) 電通が商標登録（2005）している消費者の購買心理過程.

16) http://www.amviy.jp/bbs/archives/aisceas/, SIPS, 2014/02/21

17) 2005 年ティム・オライリー（Tim O' Reilly, オライリーメディアの創立者） が論文 "What is Web2.0?" の中で提唱した概念. 情報の送り手から受け手への 一方的な流れであった状態で, 流動化し誰もがウェブを通して情報交流ができ るように変化したウェブの利用法.

18) 大橋正和監修（2005）『次世代 XML Web サービスとシチズン・セントリッ クの考え方』紀伊國屋書店, 2-7 頁.

19) 松野良一監修（2011）『デジタル時代の人間行動』中央大学出版部 69-70 頁.

20) 堀眞由美（2003）『テレワークと女性の就業』中央大学出版部 45-46 頁.

21) *2013 Annual Report*, A Publication of Hubspot, http://offers.hubspot.com/ 2013-state-of-inbound-marketing（2014/1/20）.

22) 間々田孝夫（2007）『第三の消費文化論 モダンでもなくポストモダンでも なく』ミネルヴァ書房 2-6 頁.

23) 大橋正和, 堀眞由美（2005）『ネットワーク社会経済論』中央大学出版部 108-110 頁.

第4章

中国消費市場における小売業の
戦略と消費者行動

韓　正　洲

はじめに——中国経済の新たな挑戦

　「世界の工場」と注目されてきた中国が，近年，「世界の消費市場」として グローバル企業から注目されるようになっている．1990 年以前は，規制緩和によって多くのグローバル企業が中国市場に進出し，ビジネスを展開してきたが，それは主に製造業を中心とするものであって，生産拠点の拡大が目的であることが多かった．しかし，2000 年になると経済水準の上昇により，消費者の購買力が向上し，消費市場としての魅力が高まってきた．世界の先進国や欧州などの地域経済圏の成長が鈍化の傾向にあることから，13 億人の人口を抱え，かつ成長力を持続する中国という巨大消費市場は，2020 年に向けてますます注目されていくと考えられる．要するに，これまでの中国経済の牽引役は製造業が中心であったが，今後，中国がさらなる経済発展を遂げるためには，消費を中心とする内需経済へと構造転換していかなくてはならない．中国政府は内需拡大の方針により，将来，中国小売市場はさらなる拡大傾向を続けると考えられる．

　こうした中で，中国消費市場で小売企業がいかに成功できるかどうか．小売企業は中国消費者との間に確固たる信頼関係をいかに築くことができるか．消費者は，どのような点に着目して購買意思決定をしているのか．

消費者のニーズや行動について、深い理解が必要になる。マーケティング機能の質的向上が競争優位をもたらすのである。特に、消費者の生活空間としての商圏（エリア）において、いかにマーケティング戦略を展開するかは、小売企業にとっては競争優位の構築上、最も重要な課題である。中国政府にとっても、内需拡大によるバランスの取れた製造業の成長が、世界の工場としての今後の発展を持続させることになるわけであり、そこでは小売業やサービス業からなる第3次産業の育成との連鎖が最も重要な課題となる。

1. 中国消費市場の発展と小売・サービス企業の成長戦略

中国の経済発展を振り返ると、1990年代には、小売業の近代化および対外市場開放という政策により、2000年代には、WTO加盟に伴う、小売業の本格的対外市場開放、言い換えれば、規制緩和による外資小売企業の新規参入機会の大幅な拡大と個人消費環境の整備加速が大きな意味をもつようになった。中国国家統計局データによれば、2012年には1人当たりGDPが全国平均3万8364元（表1）であり、また、表2にみるように、

表1　中国のGDPの成長率（2010年～2012年）

項　目	2010年	2011年	2012年
実質国内総生産（GDP）総額（単位：億元）	401,512.8	471,563.7	518,942.1
実質GDP成長率（単位：%）	10.4	9.3	7.7
一人当たりのGDP（単位：元）	30,015	35,083	38,364
第一次産業貢献率（単位：%）	3.8	4.6	5.7
第二次産業貢献率（単位：%）	56.8	51.6	48.7
第三次産業貢献率（単位：%）	39.3	43.8	45.6

出所：『中国統計年鑑』に基づき筆者作成。

表 2　中国の農村家庭と都市家庭の年収と支出（1978 年〜 2012 年）

（単位：元）

年 度	1 人当たり純年収		1 人当たり消費支出		エンゲル係数	
	農　村	都　市	農　村	都　市	農　村	都　市
1978	133.6	343.4	116.1 (87.2%)	311.2 (90.6%)	67.7	57.5
1980	191.3	477.6	162.2	412.4	61.8	56.9
1985	397.6	739.1	317.4	673.2	57.8	53.3
1990	686.3	1,510.2	584.6	1,278.9	58.8	54.2
1992	784.0	2,026.6	659.0 (84.0%)	1,671.7 (82.5%)	57.6	53.0
2000	2,253.4	6,280.0	1,670.1	4,998.0	49.1	39.4
2010	5,919.0	19,109.4	4,381.8	13,471.5	41.1	35.7
2011	6,977.3	21,809.8	5,221.1	15,160.9	40.4	36.3
2012	7,916.6	24,564.7	5,908.0 (74.6%)	16,674.3 (67.9%)	39.3	36.2

注：(　) 内の数値%は，消費性向を表している.
出所：『中国統計年鑑』に基づき筆者作成.

　2012 年の 1 人当たり消費支出は都市部では 1 万 6674 元，農村部では 5908 元であった．都市部人口については 7.1 億人であり，農村部は 6.4 億人であった．

　しかし，2009 年の金融危機や先進国の財政や債務危機などの世界経済の低迷によって，中国経済も影響を受け，経済成長は緩やかになってきた．とは言え，世界の消費市場としての発展は依然として非常に魅力があると思われる．社会消費品小売総額（消費市場規模を表す）は 2001 年から 2012 年まで約 5 倍に拡大してきた（図 1）．2012 年の社会消費品小売総額は，前年比 14.3 ％増の 21 兆 307 億元で，このうち小売・卸売の総額は 18 兆 3884 億元となっている．中国政府が発表した「国内貿易発展十二五規計」によると，2015 年までに社会消費品小売総額は 32 兆元，年 15 ％成長を維持するという目標を設定している．つまり，内需拡大政策によって，流通業はさらに発展し，それを基にして流通業は自立した経営を目指し，消費者行動を探究して，相互に発展していくと予想される．中国消費市場は中

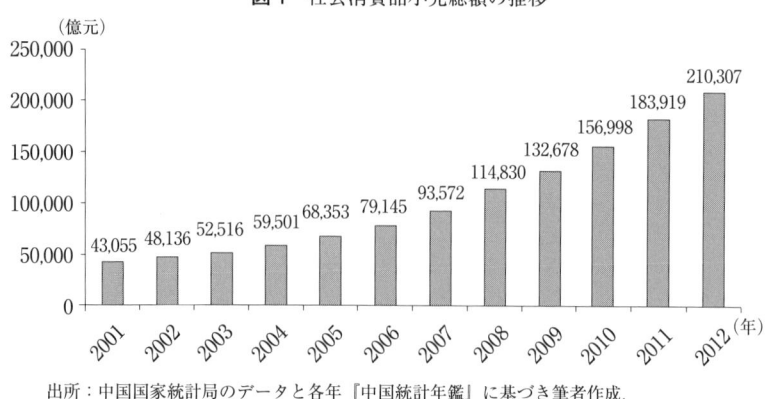

図1　社会消費品小売総額の推移

出所：中国国家統計局のデータと各年『中国統計年鑑』に基づき筆者作成.

国経済だけではなく，世界経済の拡大にも欠かせない成長原動力であること
が，先進国の間で注目されるようになってきた．

2．中国消費市場の構造的な変化

　現在の中国では，これまでの30年以上にわたる改革・開放政策の実施
によって，国民の生活は大きく変わってきた．1990年代以降の消費構造
や消費者のライフスタイルの変化を見ると，「食べるための生活」，「生き
るための消費」から「楽しむための生活」，「豊かな生活の消費」へと変化
してきていることが見られる．近年，中国住民の消費構造には次のような
変化や特徴が認められる．

　近年の国民世帯の1人当たりの年間可処分所得をベースとした食生活を
見ると，「量」から「質」への向上が見られる．中国統計局によると（表
2），1992年以降，国民世帯の1人当たりの年間可処分所得全体の中で食費
の占める割合を示すエンゲル係数は年々低下し，都市の場合は，1992年
の53％から，2012年には36.2％にまで下がった．農村の場合は，1992年
の57.6％から，2012年の39.3％に下がった．ほぼ国際的に認められてい

る中位生活水準を達成した．つまり，国民全体のライフスタイルが著しく
変わってきたことを裏づけている．

　また，消費者の個人の消費行動の変化から見ると，これまでは必需品の
購買割合が多くを占めていたが，次の段階である買足しや買い替えへと時
代は移行してきている．必要最低限の購入から，余裕のある消費，より質
の高い消費，安心・安全を求める方向へ質が変化していることを予想させ
る．具体的には，衣料，日用品には，デザイン，機能性が求められ，食料
品ではおいしく，安全であることを，家具や大型家電，自動車などの耐久
消費財にも個人の嗜好が取り入れられてきている．したがって，中国人の
年収が高くなり，消費性向が下がっているので，貯蓄もできる裕福な状態
になっていると言える。

　次の表3を見ると，食品の支出割合が著しく減少，その一方著しく増加
しているのは，自動車や携帯電話などの交通・通信支出と文化・教育・娯
楽支出である．その他住居支出を除いてはあまり著しい変化は見られない．
つまり，所得水準の上昇がライフスタイルの変化をもたらしていると考え
られるのである．これら消費に対する嗜好の変化は所得の向上と呼応して

表 3　中国都市家庭の消費構造（1985 年〜 2012 年）

（単位：元）

1 人当たり生活 消費支出	1985	1990	1995	2000	2005	2010	2011	2012
	673	1,279	3,538	4,998	7,943	13,472	15,161	16,674
食　　品	352	694	1,766	1,971	2,914	4,805	5,506	6,041
衣　　類	98	171	479	501	801	1,444	1,675	1,823
住　　居	32	61	250	565	809	1,332	1,405	1,484
家電・日用品	58	109	297	375	447	908	1,023	1,116
医療保健	17	26	110	318	601	872	969	1,064
交通・通信	14	41	171	427	997	1,984	2,150	2,456
文化・教育・娯楽	55	112	313	670	1,098	1,628	1,852	2,034
その他	47	67	151	172	278	499	581	657

　出所：『中国統計年鑑』に基づき筆者作成．

いる．つまり，近年，富裕層[1]・中間層[2]の割合が増加しており，消費
行動の変化を後押ししていると考えることができる．

　前述したとおり，2012年に中国の1人あたりGDPは全国平均で38,364
元に達した．自動車，ブランド品などで中国は世界最大級の消費市場と
なっている．表4に示した都市家庭の耐久消費財保有状況の推移を見ると，
カラーテレビは百世帯当たり100台を超えるが保有台数はほとんど伸びが
なくなり飽和化しつつある．しかし，携帯電話は2000年の19.5台から
2012年の212.6台へと伸びている．また，パソコンは9.7台から87.0台
に伸び，自家用車も0.5台から21.5台に，エアコンは30.8台から126.8
台に伸び，都市家庭がリードする消費市場の構造的変化が明らかになって
いる．

　さらに，中国消費市場の構造的変化は，小売業の発展のみならず，交通
インフラの整備拡充がもたらした側面も大きい．どのような構造的変化が
顕著かと言うと，それまでは中国消費市場が都市ごとのローカル色に彩ら
れていたのに対し，全国共通性の色合いが出てきたことである．これは，
小売企業，特にグローバル小売企業の世界標準化を目指すマーケティング
戦略や，都市間を結合させる交通インフラ（鉄道・交通道路）の拡充とネッ
トワーク化の影響が大きいことを示している．また，中国政府による交通
インフラの整備が進んできたことなどから，地域で分断されていると言わ

表4　中国都市家庭の百戸当たり耐久消費財保有台数の推移（2000年～2012年）

（単位：台）

品　目	2000	2005	2006	2007	2008	2009	2010	2011	2012
自家用車	0.5	3.4	4.3	6.1	8.8	10.9	13.1	18.6	21.5
カラーテレビ	116.6	134.8	137.4	137.8	132.9	135.7	137.4	135.2	136.1
パソコン	9.7	41.5	47.2	53.8	59.3	65.7	71.2	81.9	87.0
エアコン	30.8	80.7	87.8	95.1	100.3	106.8	112.1	122.0	126.8
携帯電話	19.5	137.0	152.9	165.2	172.0	181.0	188.9	205.3	212.6

出所：『中国統計年鑑』に基づき筆者作成．

図2 中国消費者のライフスタイルの変化

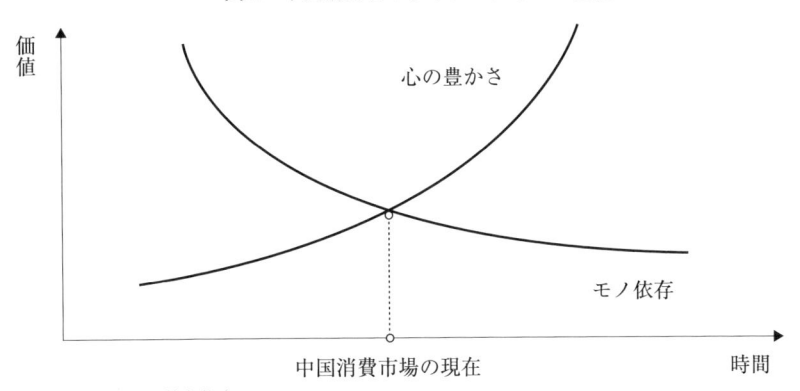

出所：筆者作成.

れてきた各地の消費市場に，全国共通的な動きが現れてきたのである．2000年から2010年までに，道路総延長は2.9倍（400.8万km，2010年），高速道路は5.1倍（8.3万km，2011年）に増加した[3]．さらに都市内では地下鉄や電車やバス・タックシーなどの施設が充実化しており，自家用乗用車の激増による，交通道路の過密が緩和され，遼寧省や四川省や重慶などの商業中心地の発展を促進している．

　まとめると，中国の都市部では日常の必需品に振り向ける支出はあまり増えないが，耐久消費財や教育，娯楽などの心の豊かさを求める支出が増えてきた．これは経済成長による可処分所得が劇的に上昇した効果として，モノの豊かさから心の豊かさへと質的転換がはっきりしてきたと考えられる（図2）．

3．中国チェーンストア企業の急速発展

　消費市場の活性化は，可処分所得が増加するだけで進展するわけではない．マーケティング活動によって，消費者行動に刺激を与える小売企業の戦略が必要である．1990年から，中国経済の改革開放の拡大と経済成長

の加速化に伴い，中国流通業を取り巻く環境は激変した．小売業の分野では業態の革新が盛んに行われた．総合スーパーなどのチェーンストアの登場は，伝統的小売流通構造を揺さぶり，流通革命を先導することになった．特に世界を代表する巨大なグローバル小売企業の中国消費市場への進出は，政府の市場開放政策によって，進出規制が緩和されたからである．この外資の小売ノウハウによって，中国チェーンストア業界の業態革新は一層加速した．1990年代の後半から，カルフールをはじめとする多くの外資系小売企業は，食品・衣料・雑貨のすべてを品揃え，それを大量販売する総合スーパーとして次々に開業した．その後2000年代の前半から内資小売企業が，中小規模の食品スーパーを展開させると同時に，すぐに外資系企業を追いかけ，総合スーパー業態に参入した．業態ノウハウの模倣戦略であった．こうして中国消費市場において総合スーパーという新しい業態は初めて確立された．いずれも売り場面積が1万㎡を超える大型店舗で，消費者に衣，食，住関連商品の商品情報を提供するばかりか，その商品を低価格で提供し，大量購買を促すような大規模の無料駐車場を備えているのが共通の特徴である．

　こうして，総合スーパーという業態がチェーンストア経営方式によって急速に規模拡大したのは，2000年の初め頃からである．矢作教授ら（2009）は「チェーンストアは，仕入は中央本部で一括して行い販売拠点は各地に分散することによって，小売商としての大規模化を達成し，種々の規模の利益を享受することが可能になったが，一方でボランタリーチェーンやフランチャイズチェーンは，中小小売商の競争力の強化策として効果的な方法と考えられている．」と指摘している[4]．

　本節では，中国連鎖経営協会が発表する「中国トップチェーンストア100」（中国連鎖百強）のデータに基づいて，中国消費市場における競争優位の小売企業の業績やマーケティング・4Pミックス戦略の特徴を考察してみる[5]．

　中国連鎖経営協会の統計によれば，上位100社の売上総額は，2001年

の1620億元であったが，2012年には1兆8700億元となり，約11.5倍に成長した．また，2001年の店舗数は1万3117店に過ぎなかったのに比べ，2012年には総店舗数は9万4000店となり，約7.2倍に成長した．その中で，中国トップチェーンストア100社のランキングによると，中国の小売業の発展に，外資系大手小売企業が重要な役割を果たしてきたのである．具体的な分析は以下のとおりである．

　まず，主要な小売業態の経営状況について述べる．小売企業は消費市場や消費者のタイプに適合し，満足を高めるため小売の業務形態を革新あるいは改善することに競争優位の源泉を求める．では，業態別経営状況はどうなっているのだろうか．表5の2008年から2012年のデータから見ると，コンビニエンスストア業態はあまり増えていないように見えるが，実体は古い便利店が買収されたり[6]，新しいコンビニエンスストアに構造的転換したりすることで，買い物環境や品揃えなどの面で消費者のニーズに対応できる先端化が進んでいる．また，百貨店はこの5年間で167％の伸び，総合スーパーは189％の伸び，家電量販店やドラッグストアなどの専門店は187％の伸び，ブランド・ショップの専門店は203％の伸びであった．これらの業態は今後も堅実に成長していくと考えられる．その一方，住宅関連店やメーカー直販はかなりの減少が見られる．具体的な例を挙げると，2006年にホームセンター世界最大手であるアメリカのザ・ホーム・デポは中国の3大ホームセンターのひとつ「家世界」（ホームワールド）を1億ドル余りで買収し，中国消費市場へ進出したが，2012年までに北京，青島，天津，西安，鄭州などの地域の12の大型店舗をすべて閉店してしまった．ザ・ホーム・デポの収益悪化の主な原因は，中国政府の不動産価格抑制政策により中国住宅市場は低迷し，住宅リフォームおよび建設資材への需要が急速に低下したからと見られている．また，食品スーパーやガソリンスタンドは著しい伸びではないが，中程度ぐらいの伸びが見られた．

　次に，様々な業態を束ねて経営する複合小売企業の売上高ランキングはどうなっているのか，統計データを見てみる．中国連鎖経営協会（中国

表5 業態別チェーン小売企業の売上高の推移（2008年～2012年）

（単位：億元）

業　　態	2008年	2009年	2010年	2011年	2012年
コンビニエンスストア（旧業態の雑貨店などを含む）	276.0	269.8	246.6	226.0	263.9
食品ディスカウンター	34.8	37.2	36.1	47.6	34.3
食品スーパー	2,249.5	2,569.5	2,766.9	3,398.2	2,915.9
総合スーパー	2,233.8	2,443.5	2,919.1	2,594.5	4,221.9
会員制倉庫型小売業	162.7	142.5	171.8	795.7	216.3
百貨店	1,943.0	2,498.3	2,671.5	3,226.8	3,251.8
専業店（家電量販店，ドラッグストア等）	3,841.9	4,377.7	5,410.6	7,176.7	7,215.4
ガソリンスタンド	8,473.4	8,996.2	11,822.6	15,742.6	12,413.6
専売店（ブランドショップ等）	1,112.7	697.3	1,072.9	1,031.0	2,260.4
住宅関連店（ホームーセンタ等）	84.7	63.3	56.4	64.7	47.3
メーカー直販	13.9	1.5	3.5	2.9	3.8
その他	40.0	143.0	207.3	204.0	2617.5

出所：『中国統計年鑑』に基づき筆者作成.

チェーンストア協会）が発表した2012年の「中国トップチェーンストア100」（中国連鎖百強）の統計を見ると，中国における売り上げ上位の小売業の変化から小売業の動向がわかる（表6）．2012年のチェーンストア企業の売上高ランキングでは，家電量販店の蘇寧雲商集団（蘇寧電器より改名）が1240億元の売上高となり，2年ぶりに首位に復帰した．勢いに乗って蘇寧雲商集団は日本の家電量販店チェーンのラオックスを買収した．競争が激化する中でも前年比12.7％の伸びを達成して，2011年に首位だった小売大手の百聯集団（上海市）を抜いた．2位は百聯集団の1220億元，3位の国美電器は1175億元で，上位3社の売上高はいずれも1000億元を超えた．一方，3位以下の企業は，総合スーパーを展開する企業または，百貨店を中心とするコングロマリット（複合集団）が中心となっている．

　外資系小売業のトップのウォルマートは6位に入り，売上高の伸びは

3.6％であったが、2011年より順位を3つ上げた。フランスのカルフールの現地法人は売上高が順位を3つ落とした。日本イオンの売上高は21.3％増であったが、順位は3つ下がって62位であった。イトーヨーカ堂は65位につけているという状況である。

以上のように、2012年の上位100社の売上高は前年比10.8％増の1兆8700億元（約30兆円）であったが、中国小売協会によれば、2000年から上位100社の売上高合計の増加率は平均25％を超えてはいたが、減速し

表6　「中国トップチェーンストア100」(中国連鎖百強)(2012年)

順位	企業名	国・地域	売上規模(万元)	前年比(%)	店舗数	前年比(%)
1	蘇寧雲商集団股份有限公司		12,400,000	12.7	1,705	△1.1
2	百聯集団有限公司		12,205,221	3.3	5,147	△8.2
3	国美有限公司		11,747,974	6.8	1,685	△3.0
4	華潤万家有限公司		9,410,000	13.8	4,423	11.2
5	康成投資(中国)有限公司(大潤発)	台湾/仏、オーシャン	7,247,000	17.7	219	18.4
6	沃爾瑪(中国)投資有限公司	米(ウォルマート)	5,800,000	3.6	395	6.8
7	重慶商社(集団)有限公司		5,449,472	14	327	0.6
	うち重慶百貨大楼		3,339,965	11.5	286	5.5
8	百勝餐飲集団中国事業部	米(KFC)	5,220,000	30.5	5,200	16.9
9	山東省商業集団有限公司		4,938,066	21.4	526	26.7
	うち銀座集団		3,203,115	16.3	104	15.6
10	家楽福(中国)管理咨詢服務有限公司(カルフール)	仏(カルフール)	4,527,386	0.2	218	7.4
11	大商集団有限公司		3,727,500	4.7	170	15.6
12	農商工超市集団有限公司		3,030,275	0.2	2,734	△19.0
13	永輝超市		2,793,000	37	249	22.1
24	特易購楽購(中国)投資	英(テスコ)	2,000,000	11.1	111	8.8
38	欧尚(中国)投資	仏(オーシャン)	1,630,461	28.4	54	20
62	永旺(中国内地)	日(イオン)	808,261	21.3	36	20
65	伊藤洋華堂(IY)中国	日(イトーヨーカ堂)	748,672	0.0	13	0.0
	合　計(100社)		186,647,427	10.8	93,983	8

注：13位以下は、筆者が選択して掲載した。
出所：「2012年中国連鎖百強」のデータに基づき筆者作成。

てきたと指摘している．その背景には，アメリカのサブプライム・ローンの焦げ付きを受け，世界経済が大不況に陥った．これを救うために，中国は巨額の公共投資を実施した．このため，2010年には，不動産価格高騰が発生し，これによる契約変更などの影響で賃借料が平均30％上昇し，人件費も平均15％上昇した．したがって，新規出店が経費によって抑えられたことに起因する面が強い．2012年にはこういった傾向がさらに強まった．加えて，消費者ライフスタイルの変化などの要因が加わったからである．競争優位を目指す小売企業では，消費者の消費習慣の変化など消費者ニーズを素早く捉え，販売品目の差異化など，きめ細かい対応が求められていることに加え，企業環境の変化に対応し，経営戦略の見直しなどを含めた経営資源配分パターンの転換などの経営革新を進めていくことが必要になった．

　また，表6の小売企業ランキングは何を意味しているか．その特徴を次に考察しておこう．まず，複数のチェーンストアの新規出店の店舗数が減少したという現象である．その原因は，これまで多くの新規店舗を開業しても，利益を出せずに，経営が厳しい状態に陥っていたのである．その中でも大きな原因は，新規出店の場所（余地）が，消費者の購買能力や周りの他の競争店舗が多いという原因で，少なくなり，赤字になってしまったケースが少なくないと見られる．つまり，立地戦略を慎重に進めない限り，店舗閉鎖に追い込まれてしまう可能性が高くなったのである．また，異業態間の競争が激しくなってきたこともある．インターネットという新しい媒体の誕生により，特に小売業全体のうち，専門小売店や家電量販店に大きな脅威がもたらされているのである．さらに，外資系小売企業の中では，カルフール，ウォルマート，大潤発などのような外資系小売企業が，内資系小売企業より成長率が高かったという要因もある．これは外資系小売企業が，主要都市や地域で素早く優良な場所を押え，規模の経済性を追求し，多店舗展開という戦略をとってきたからである．もちろん，収益が悪化したという原因で閉鎖店を出しているが，この点については，小売企業が出

店する時，地域住民の購買力，立地の選択などのエリア・マーケティング
リサーチを慎重に考えてこなかったという反省も起こっている．特に将来，
全国でチェーンストアを展開する内資系小売企業には，急激に店舗規模を
拡大することよりも，一つ一つの店舗の経営レベルをアップしていくこと
が重要であるとの教訓を残している．

　さらに加えれば，注目すべきなのは，新業態のネット・ショッピング市
場の拡大である．近年，中国でもインターネット利用者が急増し，消費者
習慣に大きな変化が起きている．これに伴い，中国のネット通販市場は急
成長を遂げてきた．売上高は 2008 年から 2012 年まで，わずか 5 年間で約
10 倍に成長してきた（図 3）．2012 年の中国におけるネット通販利用者数
は前年比 21.7％の 2 億 4700 万人に拡大した．ネット通販の市場規模は前
年比 64.7％増の 1 兆 3205 億元に上り，同期社会消費財小売総額の 6.3％
を占めるに至っている．

　表 7 では，近年の総合スーパー業態にとって，脅威となっているネット
通販業態の業界内勢力をランキングしている．アリババ傘下の「天猫」の
売上高が 2000 万元を超えて，1 位にランキングされている．「京東」の売
上高は 758.5 万元で，2 位にランキングされているが，1 位との差は格段
に大きい．「蘇寧易購」（蘇寧雲商集団のインターネット販売サイト）は 213 万

図 3　中国ネット通信販売規模の年度推移（2008 年-2012 年）

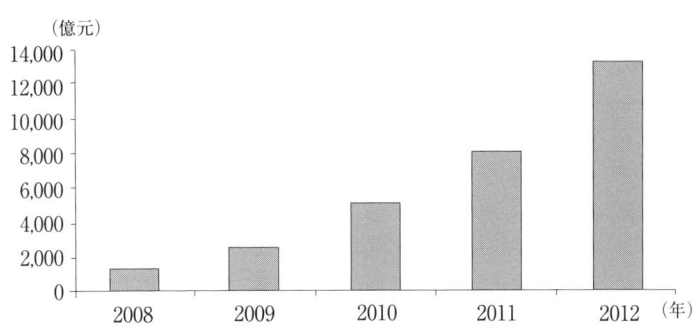

出所：中国电子商务研究中心（2013）『2012 年度中国网络零售市场数据检测报告』
　　　に基づき筆者作成．

元で3位に位置づけられている。これまで実店舗を中心とした小売企業は，インターネット販売というバーチャル企業の成長にこれからも脅かされ続けていくものと予想される。人気商品は，洋服や家庭用品，家電製品などが中心である。リアル小売企業の市場シェアが，急拡大するインターネット・ショッピングに取り込まれており，リアル小売企業は大きな衝撃を受けていることがわかる。特に，百貨店や専門店（家電専門店，アパレル専門店）など大きな影響を受けているが，食品，日用品を中心とした総合スーパーという業態に対しては，大した影響を与えていないと考えられる。それは，現在の中国では，インフラ整備，インターネットの技術，ノウハウ，設備などが，先進国と違って，まだまだ整っていないからである。さらに，すべての消費者が毎日生活に必要な生鮮食品や食料品やシャンプーなどの少額商品をいちいちネットで購入する習慣が少ないと考えられるからである。

表7　中国 BtoC ネット通販の売上高ランキング（2012年）

順位	サイト名	売上高（万元）	経営範囲	参　考
1	天猫	2,194.2	総合百貨	アリババ・グループ傘下
2	京東商城	758.5	総合百貨	
3	蘇寧易購（紅孩子）	213	総合百貨	蘇寧雲商集団傘下
4	騰讯	182	総合百貨	テンセント
5	亜馬遜中国	104.5	総合百貨	アマゾン中国
6	当当網	73.5	総合百貨	
7	国美（庫巴網含む）	54.1	服　飾	国美電器傘下
8	唯品会	54.1	総合百貨	
9	1号店	46.4	総合百貨	ウォルマート傘下
10	凡客	46.4	服　飾	
11	他	143.2		
合計		3,869.9		

出所：中国电子商务研究中心（2013）『2012年度中国网络零售市场数据检测报告』に基づき筆者作成.

　以上述べたように，中国消費市場において，今までのように小売企業が出店すれば売れる時代は終わったと言える．30 年以上にわたる改革開放により，中国の経営環境も消費構造も大きく変化した．このような状況にあって，小売企業はしっかりした競争戦略を構築しない限り，成長どころか経営が厳しくなると思われる．また，中国流通産業は成長するにつれて構造的に変化してきた．中国消費市場には小売企業にとって大きなビジネスチャンスであるが，世界経済が厳しい環境の中で，中国消費市場においても物価や人件費や家賃などコストが上昇しつつある．こうした背景の下に，内外資にかかわらず，小売企業はいかに戦略を立てて，競争優位を構築するかという大きな課題を抱えていくであろう．

　以上をまとめると，中国の市場経済の発展は，これまで第 2 次産業，特に製造業が経済成長を牽引してきた．しかし，先進国では GDP に占める第 3 次産業の割合が 6 ～ 7 割であることを考えると，今後，中国の第 3 次産業，とりわけサービス産業の発展が予想される．

　その中で，特に中国小売業の重要性が高まっている．図 4 に示すように，その近代化の始まりは 1992 年頃からである．この頃を境にして，外資小売業は初めて中国市場に参入してきた．そして，中国の WTO 加盟以後，特に小売業の自由化が進み目覚ましい発展を遂げてきた．また，世界が注目する中国市場は，過去 30 年ほどの経済成長の累積結果として，構造的変化の時期を迎えている．なぜなら，それは消費者のライフスタイルが変わってきたことによることが大きい．昔の様にモノを並べれば，売れる時代ではなくなった．小売業において，消費者購買行動も従来のような「モノ」消費から「サービス」や情報知識・消費文化といった新しいタイプの消費スタイルへ移行しようとしている．過去数年間に中国の小売環境は大きく変わった．商品開発やマーケティングは洗練度を増やすと同時に，品揃えは多様化し，ますます多くの顧客に提供されるようになっている．そして，国際的なブランドが著しく存在感を高め，受け入れられるようになっている．こうした要因が，消費者のショッピング・購買行動や考えに

100

図4 中国小売市場の発展段階

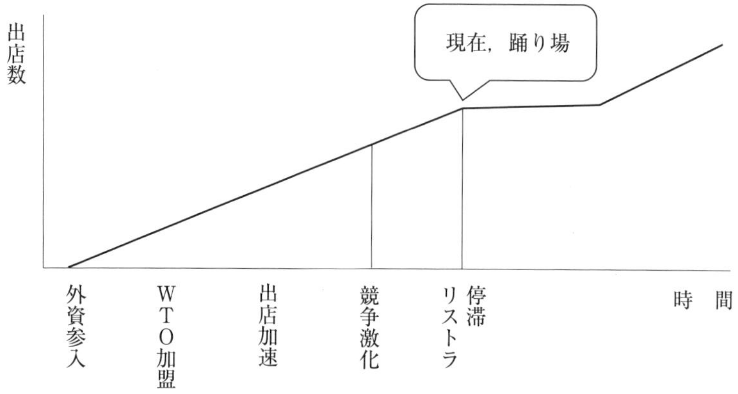

出所：筆者作成.

大きな変化をもたらしているのである．中国の消費者の行動は欧米の消費者と変わらなくなってきており，また，中国都市部では多くの人々の想像をしのぐペースでの中流化が進行している．

　現在，さらに変化のペースが加速し始めている．都市部での所得増に伴い，都市部への人口流入が続いている．若い世代は，高い教育を受け，可処分所得の急速な伸びとその使いみちが多くできたことによって，経済的変化を認識し，経済発展に自信をもってきた．これに伴って，消費生活の洗練度を高めつつある中国の消費者は，ブランドを認知し，これを好み，重視するようになってきている．過去数年の間に近代化を進め，品揃えを拡充している国内小売業は，高まる中国の消費者の購買力やブランド認知という追い風をうまく利用することのできる立場にいるのである．

　しかし，規制緩和による外資小売企業の100%出資や，現在は制限されている地域への参入が認められるようになりつつあり，この状況が進むにつれ，中国系大手小売業やブランド・メーカーは，間もなく外資系競合他社からの本格的なグローバル競争圧力を経験することになるだろう．その結果，中国のめまぐるしい小売環境で市場シェアを獲得することは，ますます困難になり，資金も必要となる．そこで消費者行動を理解し，その知

識に基づいてマーケティング・ミックス戦略を立案し，自社の業績目標に向かって的確な運営を行う小売業が，勝ち組となるだろう．以下，このためのノウハウを探究する．

4．地域消費市場（商圏）の事例研究——瀋陽市

　そこで，商圏の分析・考察を行う．小売企業にとっての消費者とは，抽象的な国民経済レベルの一般的消費者ではなく，具体的に行動する生活者としての顔をもった消費者でなければならない．企業マーケティング・4Pミックス戦略のターゲットとしての消費者セグメントは，好みをもち，考える能力をもった個性的な存在であり，各人は相互に異なる独自行動をとる．その直接の消費環境が，商圏と呼ばれるものである．本節では中国の個々人レベルの消費者を分析するため，消費者一人一人が買い回る単位の消費環境として，瀋陽という地域市場を事例に分析する．

　事例分析対象としての瀋陽は，中国東北部に位置する遼寧省の省都である．人口は810万人ぐらいであり，空港や鉄道，高速道路などが整備されており，遼寧省の省都として，また、東北地方最大の中核都市として存在感を示している．2010年に，中央政府は瀋陽を中心として鞍山，撫順，営口，遼陽，本渓，鉄嶺，阜新の8都市を「瀋陽経済区」にまとめる，中国で8番目の「国家新型工業化総合改革実験区」として選んだ．さらなる発展が国家レベルとして約束されたのである．この国家プロジェクトである瀋陽経済区は，さらに都市間交通の整備や，市場の緩和，社会保障制度，通信・インフラの整備などが施行され，グローバル経済競争力のある大都市としての発展を目指している．この瀋陽経済区の完成によって，やがて人口は2500万人に増加し，遼寧省人口の約6割を占めることになる．また，面積は7.5万 km^2 で，遼寧省の約半分を占める．将来は，進化する瀋陽として，つまり，東北地方のハブの都市として，大連や長春やハルビ

ンなどの都市と強力にネットワーク化され，北京にも近いので，大消費市場としての発展が注目を浴びている．

　瀋陽を商圏として捉えるならば，2011年のGDPは，5916億元で，目覚ましい発展を遂げてきた．これを消費市場規模として，他の都市と比較したものが，次の表8である．この表を見ると，瀋陽の小売市場規模は，東北地方（遼寧省、吉林省、黒竜江省）では一番大きい都市である．しかし，北京，上海，広州と比べると，約半分以下に過ぎない．都市間の格差が大きいわけであるが，この格差を埋めるために，中央政府は瀋陽経済区発展プロジェクトを実現することによって，将来の成長の余地が大きい消費市場を創造しようと考えていると見られる．また，西安，武漢，成都，大連にも大きな発展都市として，中央政府も力を入れていると思われる．これまでの瀋陽の発展は，「東汽，西重」と言われるように，東地域の自動車産業や西地域の工作機械や重機などの設備製造業によって雇用やGDPが生み出されてきた．そして現在の瀋陽は，自動車産業の産業集積に力を入れている．しかし，これからは，サービス産業の発展を重視して，自立した商圏として製造業と商業・サービス業の総合的な発展が期待されている．すでに瀋陽消費市場は，周辺都市の富裕層を瀋陽マーケットに吸収し，瀋陽の消費力を高めている．具体的には，瀋陽は遼寧省の人口全体の17％の人口であるのに対して，遼寧省の消費市場全体の30％の消費市場規模になっている．その理由は，次の3つが考えられる．(1)瀋陽市の所得水準が省平均よりも高い．(2)周辺都市から買い物に消費者が集まってくる．それは，周辺都市地元には貧弱な商業施設やブランド店舗しかないので，週末になると，瀋陽の高級ブランド・ショップや百貨店に車で集まってくるので，駐車場が混雑している．(3)所得水準は4〜5年前の上海と同水準であるので，近く購買力は上海に追いついていくと予想されている．

　この発展する瀋陽消費市場を分析すると，そこには，3つの大商圏と1つの卸売市場がある．3つ大商圏のうち1つは，古い伝統的な「太原街」という商圏であるのに対して，もうひとつは新しい若者志向の「中街」商

表 8　中国の主な都市の消費市場規模と所得（2011 年）

都市	社会消費品小売総額（億元）	都市住民 1 人当たり可処分所得（元）	都市住民 1 人当たり消費性支出（元）	都市住民平均消費性向
瀋陽	2,427	23,326	18.147	77.8
大連	1,925	24,276	18,846	77.6
北京	6,900	32,903	21,984	66.8
西安	1,935	25,981	19,306	74.3
成都	2,861	23,932	17,795	74.4
上海	6,777	36,230	25,102	69.3
広州	5,243	34,438	28,210	81.9

出所：「中国統計年鑑」と「瀋陽統計年鑑」に基づき筆者作成.

圏である．この 2 つの商圏は地下鉄でつながって，とても便利になっている．「太原街」という商圏は，瀋陽「南站」という駅を拠点としてその周辺に広がっている．中興瀋陽商業大厦（百貨店），新瑪特（デパート），万達広場（マレーシアの百貨店の百盛やアメリカの総合スーパーのウォルマートや国美電器などが含まれた大型ショッピング・センター），新世界百貨（香港系の百貨店）などが集積している．つまり，ショッピングモールより百貨店が多いので，消費者の年齢層は若干高く，また，購買力も高い．さらに，瀋陽の「北駅」を中心とした銀行や保険などの金融企業の事務所が多い．この金融集積地と近くの青年大街を合わせて，「金廊」と呼ばれる新しい商圏がある．華府天地（飲食店や高級食品スーパー雍戸などを含めたショッピングモール），市府恒隆广场（香港系の高級ショッピングモール），万象城（高級ブランドやタイ系の尚泰百貨を含めたショッピングモール），瀋陽卓展購物中心（ルイ・ヴィトンやグッチやカルティエなどの高級ブランドを備えている有名な高級百貨店）がある．なお，「中街」を中心とした商圏は，清朝の初めの頃に形成された最も古い商店街である．今，周辺には，大悦城（ファッションを中心としたショッピングモール），新瑪特（デパート），蘇寧電気（家電量販店），瀋陽商業城（地元の百貨店），瀋陽春天（ファッションを中心としたショッピング

モール），瀋陽興隆大家庭（百貨店），瀋陽恒隆広場（高級ブランドを含むショッピングモール），ヤマダ電機（日系の家電量販店），九光百貨（高級百貨店），多くの貴金属店などがある．このような大きな商圏の中で，消費者を十分に楽しませる購買環境を整えている．特に，若者向けのファッション，ブランドなどの商業集積地として1日約30万人が集まる賑やかな商圏である．

　次に取り上げなければならない卸売市場は，中国でも全国的に有名な商業地である．その中の「五愛街」は，洋服や日用品や雑貨などを中心としており，全国から商人が商品を調達するために，集まってくる．また，「南塔」という商圏では，靴の卸売市場として有名である．さらに，「三好街」というところは，ITや家電商品などの大量商品を販売している賑やかな市場である．最近では，中心街から外れた郊外型の大規模商業施設も増えてきている．例えば，2012年に日本の三菱地所と香港企業との合弁で，大型アウトレットをオープンした．多様化する消費者ライフスタイルに対応して，室内型モールの中に，レストランやシネマコンプレックスなども併設し，各種イベントも開催できるレイアウトとなっている．

　こうした自立・発展する商圏としての瀋陽を，巨大な消費市場として有望視する外資系のブランドが相次いで進出し，商業施設の急増をもたらしている．これをベースに多様な小売業態が展開されている．地下鉄の拡充によって，商業施設相互間のネットワークが形成されている．そこからの情報発信によって，消費者のライフスタイルが変化しており，ダイナミックな消費市場が瀋陽に誕生している．このエネルギーがやがて先進国のような消費社会を構成する潜在力を見せ始めている．新しい消費者のライフスタイルは，次の表9にみるような，富裕層の豊かな購買力によって，創造されてきているようである．瀋陽における自動車の100世帯当たり保有台数は15.8台（2010年）で，所得上位10％の富裕層では71.2台を保有している．

表 9　瀋陽に進出した外資系の小売企業のブランド店数と欧米型ライフスタイル

業種	ブランド名	瀋陽	大連	北京	上海	広州	杭州	蘇州	青島	西安	武漢	成都	重慶
流通・小売	新世界百貨店	3	1	5	10	–	–	–	–	1	6	1	1
	パークソン（百盛）	1	2	3	3	–	–	–	1	4	–	2	3
	ウォルマート（沃爾瑪）	4	4	7	10	1	2	1	2	4	9	2	10
	カルフール（家楽福）	10	3	18	24	5	3	8	3	–	7	12	6
	TESCO（楽購）	6	4	5	38	2	4	1	2	–			
	METRO（麦徳龍）	1	1	3	5	3	2	2	1	2	2	1	1
アパレル・雑貨	H & M	4	1	12	16	5	5	1	4	3	6	6	5
	ZARA	4	1	14	17	3	3	1	2	2	3	6	2
	ユニクロ（優衣庫）	5	2	25	40	6	6	5	4	2	6	9	7
	無印良品	3	1	7	9	–	2	2	2	2	2	4	5
ラグジュアリー	ルイ・ヴィトン（路易威登）	3	1	3	4	2	2	1	1	1	1	1	1
	カルティエ（卡地亜）	4	1	4	4	1	3	1	1	1	1	1	1
	コーチ（蔻馳）	4	2	9	8	1	2	3	1	2	2	6	1
飲食	マクドナルド（麦当労）	41	29	202	140	122	72	7	28	20	58	34	29
	ピザハット（必勝客）	17	11	84	77	na	24	12	17	13	23	21	9
	スターバックス（星巴克）	11	8	110	170	48	24	16	15	13	24	31	19
	サブウェイ（賽百味）	12	11	89	60	45	14	11	7	23	3	18	7
	ハーゲンダッツ(哈根達斯)	3	2	17	36	3	5	3	3	4	2	3	4
	味千ラーメン（味千拉面）	4	6	34	132	25	17	11	14	12	14	20	14

出所：岡野陽二（2013）「過熱する瀋陽市の消費市場の現状分析」（『中国経済』No. 570）ジェトロ，17 頁より引用．

5．消費者行動と小売企業のエリア・マーケティング戦略

　中国消費市場の小売業態は，急速な所得の伸びと歩調を合わせるように近代化しつつある．消費者の関心は，地元の生鮮市場，零細店舗，国営百貨店から離れて，近代的なチェーンストアを支持するようになっている．ワールドクラスのスーパーマーケットには食品や家庭用品が幅広く取り揃えられているし，沿海地域の主要都市では，ハイパーマートやホームセンターが市場シェアを伸ばしている．また，ブランドのファッションアパレル，くつ，ギフトを販売する高級専門店が軒を連ねる新しいショッピングモー

ルが，上海，北京，深圳，広州にオープンしている．これらの近代的業態は，中国の都市部を超えて内陸部へと広がりつつあり，これが従来型から近代型小売業態へと消費者の関心を引っ張る形になっているのである．

　中国で小売業が成功できるかどうかは，新しい中国の消費者との間に確固たる信頼関係を築き，それを維持できるかどうかにかかっている．中国市場参入を狙う外資系小売業やブランド・メーカー，もちろん以前から市場に定着している国内企業も，消費者行動の洞察に基づいて新たなビジネス戦略を生み出し，競争優位性を確立していくための方法を見つけなければならない．それは，ダイナミックな商圏のライフサイクルを前提としたエリア・マーケティング戦略の構築であると考えられる．

　このエリア・マーケティング戦略という研究目的のために，つぎに述べるような商圏における消費者行動のサーベイを行った．商圏としては北京や上海などはこれまで研究される機会が多かったので，これまで研究対象として深く研究される機会が少なかった中国東北部の中核都市の瀋陽消費市場を選択し，沿岸部とは異なる今後成長する内陸部の消費者行動を観察することにした．

　2012 年 10 月中国瀋陽市に住む 200 名以上の男女から集めた情報を基に，新しい中国の消費者の購買行動，消費者が何を求め，何を重視しているのかを把握する調査を行った．その裏にある考え方や姿勢についても調査を行っている．また最後に，筆者の独自の視点から，新しい中国の消費者行動として購買行動に影響を与える消費者のライフスタイルについても考察する．

6．瀋陽市における商圏と消費者行動——アンケート調査結果の総括

　中国瀋陽市場における消費者行動は一見すると，地方色が濃いとみられ

る．消費者がどういう風に購買意思決定するのかについて，総合スーパーを中心としたアンケート調査のデータ分析に基づいて考察してみる．

⑴　外資の総合スーパーと本土の総合スーパーとを比べると，消費者は外資総合スーパーの方が好ましいと思っている．順位からすると，①カルフール（仏），②ウォルマート（米），③大潤発（台湾），その好きな理由は，外資小売り企業は場所がよく，便利なところにある．やはり，今は，消費者が自由に使える時間が減っていることから，時間の点で利便性のある店舗が競争優位をますます強めていると見られる．また，価格が安くて，商品が多いという原因で消費者に選ばれることがわかった．

⑵　選ばれた上位の外資総合スーパー，カルフール（仏）とウォルマート（米）の比較分析を行うと，さらに，消費者が求めているニーズが明らかになる．ウォルマートに対しては，①価格が安い，②陳列がきちんとしている，③ブランド力が高い，④店員さんのサービスが良いなどが評価されたものである．その一方，カルフールの場合は，①合理的な価格，②店員さんのサービスが良い，③アフターサービスが良い，④売り場が明るくて，広い，⑤店舗の数が多いといった点が評価されている．それはウォルマートと比べると，消費者の70％ほどがカルフールを評価しており，逆にその内20％の消費者しかウォルマートを評価していない．この比較からわかることは，消費者の消費行動が変わってきたということである．中国の経済，社会，文化面での変化によって，消費者の商品・サービスに対する洗練度が高まっている．つまり，消費者は商品・サービスの価格が安ければ，喜ぶというものではもはやない．ブランド名や自己の好みなどに適合する商品・サービスの価値を選択する消費者嗜好に進化しているのである．

⑶　総合スーパーのプロモーション戦略に対して，消費者はどのように考えているのかについて分析する．消費者の購買行動に大きな影響を与えるのは，①特価のパンフレット（52.26％），②口コミ（29.32％），③テレビの広告（10.53％），④新聞（6.77％），⑤ネット（1.13％）である．その中で，

口コミよりも特価のパンフレットの効果のほうが高いことがわかる．また，ネット広告は最も重要度が低いこともわかる．これらから，小売業が業績を伸ばす為に，これまでの価格中心の中国の消費者のイメージを再考する必要があると考えられる．そこには，モノに縛られてきた古い価値観をもつ消費者から，新しいタイプの賢い情報処理者としての消費者イメージが浮かんでくるように考えられよう．

⑷　インターネットショッピングについて消費者行動を分析すると，①よくネットで買い物をすると答えた者は，21.43％，②時々ネットで買い物をする消費者は，38.1％，③ネットで買い物しない消費者は，39.49％となっている．インターネットの普及に伴ってインターネットショッピングの利用は急速に進んでいる．現在，消費者がショッピングに充てる時間と，ショッピングをどの程度楽しむかは，可処分所得をどこでどのように消費するのかと深く関係している．消費者のライフスタイルがますます時間に追われるタイプになっていることから消費者がどこでどの様にお金を使うか，どのように時間を節約するためにお金を使うかは，利便性により決まるケースが増えている．小売業がショッピングの利便性や満足度を高める方法を見いださないといけないことが，はっきりしてきた．

⑸　PB（private brand）商品に関しては，小売企業側にとって，消費者行動を自社に連鎖させておくための重要な競争優位の戦略になっており，大手スーパーはこれに生き残りをかけている．これに対し，現在のところ消費者は，PB商品を受容する過渡期にあるという実態があきらかになった．消費者の38.31％は，PB商品を購入すると答え，それに信頼を寄せてはいるものの，残りの36.82％の消費者は，わざわざ買うことはないと否定的な態度をとっている．さらに残りの消費者は，PB商品を知らないと無関心の態度をとっている．PB商品は，小売企業のブランドを高め，しかも商品の低価格化も実現するという消費者とメーカーとをつなぐ新しい戦略的サプライチェーンの構築の要であることを意味している．中国市場においては，PB商品の開発・導入という点で，小売企業も消費者もま

だ先進国のように，十分成熟した環境状況にはなっていないと言える．中国のみならず，グローバル化を展開する日本やアメリカなどの小売企業にとっても重要な研究課題になると考えられる．

(6)　今後はどのような業態が増えるとよいか，消費者の期待について分析すると，①総合スーパー，②小型食品スーパー，③コンビニ，④ショッピング・センターとなっている．今のところ，伝統的な農貿市場や個人の雑貨店などといった旧業態も依然と多く存在している．それは中国政府の保護主義や地方政府の小売知識の前近代性に基づくものと考えられる．しかし今後は，小売市場のさらなる開放が進めば，それが多くの総合スーパーの発展余地となることが予想される．

　以上，中国瀋陽市場における消費者行動の調査分析を見ると，消費者特性としては地方色が濃いであろうと思われるが，実際は外資小売店舗での購買行動の頻度が高く，伝統や風習にとらわれない．合理的な消費を行っていることがわかった．消費者は商品を購入する前に自ら情報を集め，他人の意見をも求めている．ソーシャルメディアを利用するインパクトは著しく，その影響力も拡大している．大多数の消費者は，以下のように考えている．(1)ソーシャルメディアを活用することで，企業やブランドへの全般的な関心が高まった[7]．(2)ソーシャルメディアを通じて，知らなかった企業の商品やサービスに関する認識が高まった．(3)ソーシャルメディアに投稿された肯定的コメント・否定的コメントの双方は，企業やブランドに対する理解に影響し，特定商品・サービスを購入する際の判断材料となった．つまり，企業が顧客との関係を強化できるようにするための最も重要な事項のひとつは，ソーシャルメディアの利点を最大限活用することである．このような新しい消費者行動に対応して，カルフール，ウォルマート，大潤発，特易家の総合スーパーは中国のソーシャルメディア（微信）などを利用して，商品の特販や企業のイベントなどを宣伝しており，特に若い消費者の注目を集めている．

　また，消費者の所得増に伴い，都市部への人口流入が続いている．若い

世代は，高い教育を受け，可処分所得の急速な伸びとその使いみちが多く
用意されてきたことによって，経済成長の恩恵を享受している．消費者は，
ブランドを認知し，好みや価値を重視するようになってきている．また，
過去数年の間に近代化を進め，品揃えを拡充してきた国内小売業は，高ま
る消費者の購買力やブランド認知という追い風をうまく利用することので
きる立場にいるのである．

　さらに，地元の総合スーパー企業（永輝，百聯，特易家など）やブランド・
メーカーは，外資系競合他社（カルフール，ウォルマート，大潤発）からの圧
力を受けてきた．その結果，地元の総合スーパー企業はめまぐるしい小売
環境の中で市場シェアを獲得することは，ますます困難になり，資金も必
要になると予想される．そこで地域の消費者の購買行動を理解し，その知
識に基づいてマーケティング戦略を立案し，自社の業績目標に向かって的
確な運営を行う小売業が，勝ち組となると考えることができる．

お わ り に

　以上，まとめて考察すると，中国消費市場は，瀋陽市場における消費者
行動の実証分析からも明らかなように実に多様化してきており，より高い
サービスを求めているという傾向が明らかになった．昔の様に商品を並べ
れば売れるということはなくなり，また，価格が安ければ売れる時代でも
なくなった．それに代わって，消費者は消費という行動をライフスタイル
の新しい要素として取り込んでいる小売業態を歓迎するように変わってき
た．消費者は従来のように企業のいう通りに消費行動を行うのではなく，
情報を集め，自らのライフスタイルを高めるように消費行動を行う，自立
した意思決定主体として捉えるべき時代に変質してきたと言える．

　最後に，本章の「はじめに」の部分で触れたように，近年の中国経済は，
「世界の下請工場」としての中国であるよりも，消費者のニーズを考え，

新しい製品やサービスを開発する，より「付加価値度の高い世界の工場」を目指すように政策転換をしている．そのためにも，「世界の消費市場」としての中国を創造し，正しい選択能力を蓄積した消費者からの洗練された消費情報を収集・活用しなければならなくなっている．本章は，そのような賢い自立した消費者の行動にむけて，中国各都市の一般的消費者の消費能力とともに中国の内陸部，特に従来本格的な研究が少なかった東北地方の中核都市である瀋陽市を事例に商圏研究を行った．そこには，中国経済が新たな挑戦として，第3次産業，特に小売・サービス産業の発展に力を入れている成長戦略の実態が浮かび上がってくるのである．

＊この研究論文は，筆者が中央大学大学院総合政策研究科のリサーチアシスタントとして，大橋正和教授の指導の下に研究調査を行った成果の一部である．2012年4月〜2014年3月：「政策文化総合研究所」，大橋教授の研究プロジェクト名は，「日中における消費行動の調査研究」であった．

1)　本章では，富裕層の定義を次の様に述べる．富裕層は年収200万元（約2900万円）以上，投資可能な資産が1000万元（約1億3000万円）以上である．
2)　大木博巳（2011）『アジアの消費：明日の市場を探る』ジェトロ（日本貿易振興機構），30頁．
　　中間層：中間層に属する人々のライフスタイルは，安定した収入があり，住宅や自動車を購入する能力をもち，収入の一部を教育や旅行などのサービス支出に回す余裕をもっている．家電製品の購入では必ずしもハイエンドの外国製品を志向する人ばかりではないが，耐久消費財の保有率は高く，クレジットカードで買い物をする人も多い．
3)　鈴木貴元（2012）『みずほ中国経済情報』（4月号）みずほ総合研究所，2頁．
4)　矢作敏行，鍾淑玲，畢滔滔，関根孝（2009）『発展する中国の流通』白桃書房，236頁．
5)　マーケティング・ミックス戦略については，次の論文を参照されたい．（韓正洲（2012）「中国市場における小売業の戦略的ホスピタリティ・マネジメントの研究」）この論文では，小売企業の競争優位の構築は，消費者セグメントを特定化し，それに対応するマーケティング・ミックスのデザインに依存することを明らかにしている．
6)　便利店にはコンビニエンスストアだけではなく，中国の旧業態の食品雑貨店なども含まれる．

7) ソーシャルメディア（social media）とは，利用者の発信した情報や利用者間のつながりによってコンテンツを作り出す要素をもった Web サイトやネットサービスなどを総称する用語で，古くは電子掲示板（BBS）やブログから，最近では Wiki や SNS，ミニブログ，ソーシャルブックマーク，ポッドキャスティング，動画共有サイト，動画配信サービス，ショッピングサイトの購入者評価欄などが含まれる．

日本語参考文献

相原修，嶋正，三浦俊彦（2009）『グローバル・マーケティング入門』日本経済新聞出版社，80-111 頁

コトラー，フィリップ，ジョン・ボーエン，ジェームズ・マーキンズ（2003）白井義男，平林祥（訳）『コトラーのホスピタリティ＆ツーリズム・マーケティング』第 3 版ピアソン・エデュケーション，209-222 頁

原田保，三浦俊彦，高井透（2012）『コンテクストデザイン戦略』（株）芙蓉書房出版，23-87 頁

林昇一，寺東寛治（1980）『現代サービス産業の戦略』同友館，94-117 頁

林昇一（1989）『国際経営の戦略行動』中央経済社，215-220 頁

林昇一，徳永善昭（1995）『グローバル企業論』中央経済社，199-218 頁

柯麗華（2007）『現代中国の小売業』創成社，122-162 頁

川端基夫（2006）『アジア市場の幻想論』新評論，133-192 頁

川端基夫（2007）『アジア市場のコンテキスト』東南アジア編　新評論，4-28 頁

川端基夫（2011）『アジア市場を拓く』新評論，197-210 頁

韓正洲（2011）「中国市場におけるグローバル総合スーパーマーケットの競争戦略—比較事例分析に基づく実証研究—」（『大学院研究年報・総合政策研究科篇』第 15 号），中央大学大学院研究年報編集委員会，57-74 頁

韓正洲（2012）「グローバル小売企業の競争優位の構築に関する研究—中国市場でのカルフールの戦略事例分析に依拠して—」（『大学院研究年報・総合政策研究科篇』第 16 号）中央大学大学院研究年報編集委員会，34-49 頁

韓正洲（2012）「中国市場における小売業の戦略的ホスピタリティ・マネジメントの研究」査読論文（『日本ホスピタリティ・マネジメント学会誌』第 19 号）日本ホスピタリティ・マネジメント学会編，63-74 頁

韓正洲（2013）「中国消費市場におけるフランス・グローバル小売企業の競争優位の構築に関する戦略の実証研究」査読論文（『マネジメント・ジャーナル』第 5 号）神奈川大学国際経営研究所，68-81 頁

黄磷（2008）『新興市場戦略論』千倉書房，355-369 頁

黄磷・李東浩（2008）「日本の小売企業の競争力」（『一橋ビジネスレビュー』56 巻 1 号）東洋経済新報社，71-72 頁

向山雅夫（2009）『ピュア・グローバルへの着地』千倉書房，59-74 頁

大橋正和，堀真由美（2005）『ネットワーク社会経済論』情報社会基盤研究会，53-67 頁および 106-121 頁

大木博巳（2011）『アジアの消費：明日の市場を探る』ジェトロ日本貿易振興機構，20-53 頁

岡野洋二（2013）「加熱する瀋陽市の消費市場の現状分析」（『中国経済』No. 570）ジェトロ，13-21 頁

鈴木敏文，林昇一監修（2009）『経営革新』（第 5 巻）中央大学出版部，81-107 頁

邊見敏江（2008）「経営学的視点から見たイトーヨーカ堂」東京大学 21 世紀 COE ものづくり経営研究センター，1-34 頁

鈴木貴元（2012）『みずほ中国経済情報』（4 月号）みずほ総合研究所（http://www.mizuho-ri.co.jp 2013/5 アクセス），1-12 頁

渡辺達朗（2013）『中国流通のダイナミズム』白桃書房，3-21 頁

矢作敏行（2003）『中国・アジアの小売業革新』日本経済新聞社，271-302 頁

矢作敏行（2007）『小売国際化プロセス』有斐閣，95-98 頁

矢作敏行，鍾淑玲，畢滔滔，関根孝（2009）『発展する中国の流通』白桃書房，45-62 頁

湯谷昇羊（2010）『巨龍に挑む』ダイヤモンド社，314-340 頁

中国語参考文献

浩洲（2009）『十字路口― Carrefour in China ―』民主与建設出版社，140-167 頁

荊林波（2012）『中国商業発展報告（2011 ～ 2012）』社会科学文献出版社，50-68 頁

荊林波，梁春暁（2013）『中国电子商务服务业发展报告 NO. 2』社会科学文献出版社，34-55 頁

廖运凤（2010）『中国零售业并购』知识产权出版社，249-292 頁

彭剣鋒（2010）『沃尔瑪成功歴程』機械工業出版社，113-129 頁

王東萍（2010）『家楽福零售方法』広東経済出版社，30-74 頁

王強（2013）『中国零售业发展监测与分析报告 2012』中国人民大学出版社，49-64 頁

王耀（2013）『2013　中国零售业发展报告』中国統計出版社，49-64 頁

国家発展和改革委員会产业经济与技术经济研究所（編）(2013)『中国产业发展报告』経済管理出版社，43-55 頁

瀋陽市統計局編（2010 年-2013 年）「瀋陽年鑑」中国統計出版社

中華人民共和国国家統計局編（2000-2013）「中国統計年鑑」中国統計出版社

「大型外资连锁超市中国扩张各有谋略」（http://shop.hz.soufun.com）

中華人民共和国国家統計局（http://stock.searchina.ne.jp/news/）

中国連鎖百強―百度网（http://wenku.baidu.com/view/8b56628e）

中国カルフール社（家楽福）中国語ホームページ（http://www.carrefour.com.cn

2012 年 6 月アクセス）

中国ウォルマート（沃尔玛）社中国語ホームページ（http://www.wal-martchina.
  com/）

イトーヨーカ堂中国語ホームページ（http://www.itoyokado.co.jp/）

「2012 年聯華超市股份有限公司年度業績」（アニュアルレポート）

中国零售百強企業名単―聯街网（http://news.linkmall.cn/view/）

第 5 章

メディア誘発による「物語―観光」再組織化モデル

――中国映画『非誠勿擾』と北海道観光ブーム――

朱　敏　華

松　野　良　一

は じ め に

　2009 年の中国の正月映画『非誠勿擾』（邦題『狙った恋の落とし方』）は，中国の映画史上最大のヒットを記録した．この映画の公開をきっかけに，2009 年から映画の舞台になった日本の北海道道東地区を訪れる中国人観光客が急増する結果となった．

　映画『非誠勿擾』は中国国内では，2009 年までの中国映画史上最高となる 3 億 5000 万元（約 50 億円）の興行収入を記録した．この映画は日本でもヒットした「レッドクリフ」を超え，中国正月映画史上でナンバーワンの座に輝いたのである．この結果，同映画は幅広く多くの視聴者に影響を与えることになった．

　またマスメディアは，映画のヒットを大幅に取り上げたため，ロケ地となった北海道は中国の視聴者にとって，一躍憧れの観光地になった．人民日報は，多くの中国人視聴者が，映画を見て美しい北海道の自然に感動し是非行ってみたいと語ったと報道している．また，『非誠勿擾』が上映されてから，日本への観光の問い合わせは増加し，もともと人気ではなかっ

た北海道コースが人気になっていったとしている[1]. そうした声を受け，中国の旅行会社は一斉に，映画ロケ地巡りツアーを検討し組み始めた. 日本側も，2009 年 4 月 20 日から 4 月 24 日に，北海道副知事，釧路市市長，網走市市長の 3 人が，中国北京と上海を訪れ，北海道観光を PR した[2].

その一方で，2009 年 4 月 29 日，日本の首相である麻生太郎（当時）は，中国での北海道ブームを受け，北京市日本文化センターを訪れ，中国の漫画家や日本アニメ愛好家，そして映画『非誠勿擾』を撮ったフォン・シャオガン監督と交流し，感謝の言葉を述べた. 会談後，麻生首相は「映画の影響力を改めて実感した」と語っている[3].

その後，日本政府観光局の協力で，映画『非誠勿擾』ロケ地などを巡るツアーが企画され人気となった. 中国の大手旅行業者である中国国旅は，ロケ地となった阿寒湖湖畔温泉街，網走市北浜駅，能取岬等を巡り，東京ショッピングツアーも組み込んだ 5 泊 6 日のツアーを企画した. このツアーでは北海道の雄大な自然や温泉などが，高い評価を集めた. さらに，個人観光ビザの緩和に伴って，ツアー客だけではなく，新婚旅行客も増加した.

筆者の 1 人である朱は 2009 年に中国で，映画『非誠勿擾』による北海道観光ブームを肌で感じている. しかも，それまで中国国内では，映画のヒットによる大きな観光ブームが起こったことがない. 『非誠勿擾』が，初めてのケースだと思われる.

さて，日本では 2004 年に，ドラマ『冬のソナタ』放映に誘発された韓国へのロケ地巡り観光ブームが起きた. 同ドラマを見た日本人が，大挙して韓国のロケ地を訪れるというブームであった. 中国映画『非誠勿擾』は，この『冬のソナタ』のケースと類似したもので，中国から日本への観光ブームの事例である.

具体的には，2003 年 4 月から，NHK の BS 2 および総合で韓国ドラマ『冬のソナタ』が放送され好評を得る. これをきっかけに，日本では「韓流」ブームが起こった. ロケ地となったソウル，春川などには連日，日本人観光客が訪れた. 2004 年には韓国を訪れた邦人が前年比 35.5％増の 244 万 3070

人に達した.

　この2つの事例における共通点は，映画やドラマが観光ブームを誘発したということである．本論考では，こうしたメディアが誘発する観光ブームについて，中国映画『非誠勿擾』を事例として取り上げる．そして，インタビュー調査，アンケート調査，フィールドワークなどの研究方法を組み合わせて，なぜメディア誘発型観光が発生したのかについて，原因や背景を分析する．またその研究結果を踏まえて，メディア誘発型観光のモデル化を試みる.

1．中国人の訪日観光

1-1．訪日中国人の旅行者数の推移

　日中両国の国交正常化が実現した1972年には，訪日中国人はわずか643人に過ぎなかった．改革開放が推進されるようになった1980年代後半には10万人台に上るようになり，1990年に入って20万人台に達した．しかし，観光のために訪日する人は少なかった．1997年には正式に，中国人が団体で海外観光旅行をすることが自由化された．さらに，2000年9月からは「中国人訪日観光ビザ解禁」により，その年の2000年に約35万2000人（前年に比べ19.3％増）と大きく伸びた．2001年に39万1000人（同11.3％増），2002年には45万2000人（同15.6％増）と毎年5万人相当の増加を示している．さらに，2010年には141万3000人に増加した.

　図1によれば，訪日中国人の旅行者数は概して右肩上がりの増加傾向を示しているが，2003年だけは訪日中国人数44万8762人と，前年に比べ0.8％の減少となっている．これは世界的にSARSの影響による減少である．2004年には，回復基調に戻り，前年を大幅に上回った．また，2005年は反日デモが発生し，海外旅行にも少し影響が出たため，増加の幅は他の年に比べて小さい.

図1 訪日中国人の推移

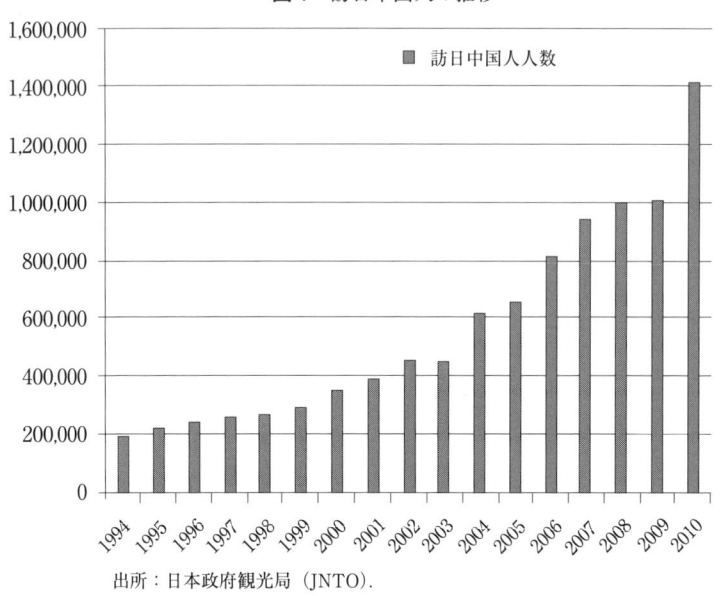

出所：日本政府観光局 （JNTO）.

図2 2010年月別訪日中国人の旅行者数

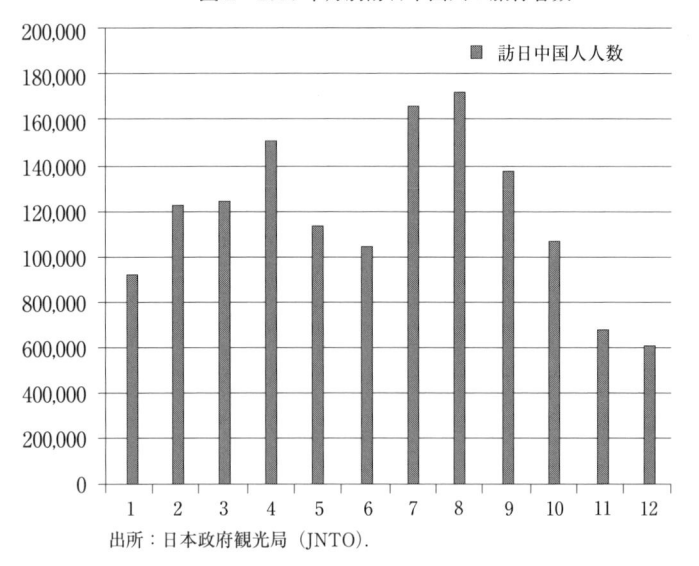

出所：日本政府観光局 （JNTO）.

　図1によれば，2010年は全体としては増加している．月別では，9月4日に尖閣諸島沖で海保の巡視船と中国の漁船との衝突事件が起きたため，9月以降の訪日中国人は激減している．

1‒2．中国人に対するビザの政策

　2000年9月から，2010年7月まで，日本外務省は中国人に対する観光ビザの発行を5回に緩和した．

　2000年9月，日本外務省により，中国人の訪日団体観光旅行の査証発給が，まず北京市，上海市，広東省の2市1省の住民を対象に解禁された．しかし，日本国内での失踪事件発生を防止するため，日中双方が指定する旅行会社のみが訪日旅行を取り扱えることとし，事件発生時には旅行会社にペナルティを科す制度が設けられた．そのため，ツアー参加に際して旅行者は，保険として多額の保証金を求められる上，全旅行日程中，添乗員の目の届く範囲での団体行動を強いられた．このため，観光をゆっくり楽しむことが難しいという課題も指摘されていた．

　2004年9月に，遼寧省，天津市，山東省，江蘇省，浙江省の1市4省が，そして2005年7月には，対象地域が中国全土に拡大された．

　2009年7月には「十分な経済力を有する者」との要件を満たす富裕層に限って，個人観光ビザが解禁された[4]．個人観光旅行で来日した中国人富裕層が示した高い購買力は，かなり高いものであった．

　さらに，2010年7月「一定の職業上の地位および経済力を有する者とその家族」[5]（中間層）へと要件が緩和された．発給申請を受け付ける在外公館についても，北京，上海，広州での限定から，全公館へと拡大した．これにより，個人観光ビザの発給対象がこれまでの約10倍，1600万世帯にまで広がった．

　2011年7月からは，沖縄を訪問する中国人観光客で，「十分な経済力を有する者とその家族」[6]に対して，数次ビザを発給することとした．観光数次ビザは日本として初めて導入するものだった．この数次ビザの有効期

間は3年で，その間であれば何回でも訪日できる．また，1回の滞在期間
は，90日であり，従来の個人観光ビザの15日より遥かに長くなっている．

2．メディア誘発型観光とは何か

2-1．メディア誘発型観光の定義

映画やテレビドラマの制作・配給・上映を通じて，特定の地域に対する
イメージが変化し，結果的に観光客の誘客や地域イメージの向上，その他
の様々な効果に結びつくことがある．1990年代以降，観光学者がこうし
た現象に注目し，専門的な研究の対象とするようになった．これらは，メ
ディア誘発型観光と総称されている[7]．

2009年には『映画とTVがツーリズムに及ぼす影響に関する』国際会議
が香港で開催された．これをきっかけに，メディア誘発型観光（Media-
induced tourism）が正式に定義された．今まで，20年近い歴史があると鈴
木晃志郎は指摘している[8]．

低成長時代に入り，鉱工業製造業を重視した大量生産で発展する従来の
システムでは経済発展が困難になった先進国の多くでは，芸術・文化産業
を重視して都市の創造的な力を高め，知的イノベーションを引き出す政策
への転換が進んでいる．近年，隆盛を極めた創造都市論は，その好例であ
る[9]．

こうした時代背景の下で，特に1990年代以降，急速に成長した情報・
コンテンツ産業が創り出してきたのが，映画やTVドラマなどの知的生産
物である．現象としてのメディア誘発型観光は，それら知的生産物が都市
や地域にもたらす経済効果を示す手がかりのひとつとして注目されるよう
になったと位置づけられる．

メディア誘発型観光の研究は，情報媒体を介して広がる観光現象を広く
扱う．このため研究者の関心に応じてTVドラマや映画のみならず，ゲーム

や音楽まで幅広く含まれ，その指示対象を冠して『〜誘発型観光（〜 -induced tourism)』の様に表記される．

　メディアが観光地の創造に直接影響を与えるという，メディアと観光の歴史は意外にも古い．マスツーリズムの成立以前の観光，巡礼においては，すでに絵図が信者獲得に利用されている．中世から近世にかけて熊野比丘尼が信者獲得のため，「熊野那智参詣曼荼羅」「熊野観心十界曼荼羅」を見せながら熊野詣の公徳を説いた「絵解き」は，メディアの観光利用の原型と指摘されている．

　見知らぬ地への関心が観光行動の強い動機づけである一方，観光行動には目的地や移動手段に関する情報が不可欠である．近代のマスツーリズムにおいてメディアは極めて重要な位置を占める．欧米において，19世紀前半から旅行者のためのガイドブックを出版したイギリスのマレー社，ドイツのベテカー社が果たした役割も大きい．日本でも，1979年に発売が開始された『地球の歩き方』シリーズは，若者の海外旅行の必携書となっている．また，近年のインターネットの発達は，旅行業の枠組み自体を動かすほどの影響力をはらんでいる．メディアのあり方自体が，その時代の観光のあり方に大きく影響されるし，逆に影響を及ぼしているとも言えるのである．

　現代のメディアと観光の関係を考える際，近代に発達したメディアが逆に観光地を創造するという現象がある．これは，映画，テレビ，音楽といった領域で顕著な現象と言えるだろう．例えば，日本で，1969年から1995年まで，全48作品が制作された映画『男はつらいよ』シリーズはメディア誘発型観光の典型とも言える．テレビドラマが創造した観光地としては，『北の国から』（倉本聰脚本）シリーズの舞台となった北海道の富良野市が有名である．このドラマは，1981年に連続ドラマとして放映され，その後，2002年まで8編のスペシャルドラマが放映された．

　また，2003年からNHKの衛星放送で放映された韓国のテレビドラマ『冬のソナタ』は「韓流」という一大ブームを日本で巻き起こし，ドラマのロ

ケ地を日本人観光客が多く訪れるという社会現象が起きた．その他，NHK
の日曜夜8時の時代劇，通称「大河ドラマ」や同じくNHKの朝の「連続
テレビ小説」の舞台は，地域の観光活性化にとって最も重要な媒体となっ
ている．

2-2．メディア誘発型観光に関する先行研究

メディア誘発型観光は1990年代から正式に1つの専門研究領域と位置
づけられた．先行研究として，アーリ・ジョンの「観光のまなざし」論，
D. J. ブーアスティンの「疑似イベント」論，D. マッカネルの「表舞台と
舞台裏」論が代表的である．

アーリ・ジョンは『観光のまなざし』で，初めて映画やテレビの放映が
観光客を増やしていることを記録し，総合的な視野から観光の理論研究に
取り組んだ．アーリは『観光のまなざし』で，観光はなぜ，どのように発
生するのか，という根本的な問題を掲げている．

アーリの言う「観光のまなざし」は，人々の日常体験から区分されるよ
うな風景や町並みの様相へと向けられている．こういう景観を人々が観る
のは，自分の日常にありふれたものからある意味で遊離しているとみなす
からである．このような観光的な風景はメディアを通して取り上げられた
もので，これを観ると，違った社会的なパターン認識をもつことが多い．
つまり風景や町並みの視覚的要素に対して通常日常生活で見ているより敏
感になる．人々はそのような「観光のまなざし」で，自らの目を楽しませ
ようとするのである[10]．

アーリの視点で考えるならば，中国映画『非誠勿擾』によって，中国人
視聴者は，日常生活から離れた別の世界である北海道道東地区の景観に敏
感に反応し，映画の世界の中に入りたいという欲求を抱くようになったと
解釈できる．つまり，映画『非誠勿擾』のロケ地となった北海道は，中国人
にとって全く中国と違う風景である．映画を見た中国人が，通常の生活空
間から離れ，映画の世界を訪れたいという欲求が誘発されたと説明できる．

　現代社会において，メディアはその力を非常な速度で強めつつある．その結果，メディアは現実を構成したものであるにもかかわらず，メディアによって構成されたイメージが一人歩きし，現実以上の力をもつに至っている．このように現実よりも，写真・映画・広告・テレビなど様々なメディア，すなわち複製技術によって演出され創り出された現実のイメージの方が現実感をもつという「知覚のありよう」をブーアスティンは「擬似イベント」という概念で捉えようとしている[11]．

　ブーアスティンは「擬似イベント」のひとつの例として観光を取り上げ，考察を展開しているが，そこで彼は，観光がメディア（観光情報誌や観光パンフレット，新聞広告，テレビ等）によって提供されるイメージを確認するだけのものになっていると論じている．彼によれば，「観光客の欲求は，彼自身の頭の中にあるイメージが，（観光地において）確かめられたとき，最も満足する」とされる（Boorstin, 1962-1964, 119）．ブーアスティンは，ツーリストたちがただメディアによって構成されるイメージを追認しているに過ぎず，彼らの経験が擬似的で人工的なものだと考えている．

　その一方，D.マッカネルは，ブーアスティンの問題提起を受け止めつつも，自分の疑問を述べている．マッカネルは1976年にブーアスティンの擬似イベント論に対して，次のような疑問を呈した．

　　「私がこれまで述べてきたことには，ツーリストたちが表層的でわざ
　　とらしい経験だけを欲しているというブーアスティンの主張を支持す
　　るものは何一つなかった．むしろツーリストたちは，ブーアスティン
　　の言うところのオーセンティシティを望んでいるのである」[12]．

　マッカネルは，ツーリストたちは，創り上げられ飾り立てられた観光空間を望んではおらず，観光地で暮らす人々の本物の暮らし，本来の何も手が加えられていない真正な文化を経験したいという．つまり，オーセンティックなもの（本物）に対する願望に駆り立てられているとする．マッ

カネルはそうした状況を社会学者 E. ゴフマンの用語を借りて,「表舞台」ではなく「舞台裏」をツーリストが求めているのだと主張している.

　しかし，一方でツーリストたちの経験が果たしてオーセンティックなものかどうかは，結局のところ確かめられはしないとも述べている．舞台裏に入ったと思っていたのに，実はそこは，ツーリストたちが訪問してもよいようにセットが組まれた表舞台だったりする．現代社会の観光状況においては，オーセンティックな舞台裏そのものが演出されていると言えよう．その意味でツーリストたちは，擬似的で人工的なパスティーシュ（模造品）に満ちた「表舞台」と，オーセンティシティに満ちた「舞台裏」が交差する，ねじれた空間を旅しているとマッカネルは言う.

　マッカネルの理論に照らし合わせて考えると，本事例においては，中国人観光客は『非誠勿擾』のロケ地には「舞台裏」を確かめるために行くということになる.「表舞台」を映画だとすれば，観光客は「舞台裏」を知るために，ロケ地巡りをしに行くわけである．映画『非誠勿擾』のロケ地はほぼ小さな場所だが，一個一個を見ると，あまり魅力がないと感じられる場所であるが，映画によって，その一個一個の場所にイメージが与えられる．これによって，ロケ地である「表舞台」だけでなく，「舞台裏」を体験したい気持ちが生まれる.

　そして,「舞台裏」とは，映画に登場する，あるいは関係する日本料理,温泉,自然,文化の体験である．中国人観光客は映画の「表舞台」と大自然,温泉，日本食という「舞台裏」を体験していると考えられる.

　以上の３つの理論から考えてみると,映画『非誠勿擾』が北海道観光ブームを巻き起こした原因が，少しばかり説明できる．ロケ地であった北海道の風景は，通常生活から離れ，中国には見られない景色である．ブーアスティンとマッカネルの理論をあわせると，旅行者は，①映画のロケ地を訪れることによって,「表舞台」を追体験すると同時に，②ロケ地である北海道に付属する現実の生活も体験している.

　しかし，筆者は，その３つの理論では説明できないものもあると考える.

つまり，旅行者が，普通の観光スポットではなく，特に魅力のないロケ地を巡りたいと思うのは，ストーリーの追体験という意味があると考える．ロケ地を巡ることの魅力は，「表舞台」と「舞台裏」の体験だけでなく，ロケ地巡りツアーが，映画ストーリーの追体験を提供していると考える．

　「観光社会学」の対象は3つある．第1にそれは，「ツーリスト（観光を消費する者）」である．ツーリストのいない観光など，およそ考えられない．しかし観光には別の立場も必要である．それは旅行会社，宿泊業者，交通業者などをはじめとする「プロデューサー（観光を制作する者）」，そして「地域住民」である．観光をめぐるこれら3つの立場に加えて，社会的・文化的背景が観光社会に大きな影響を与える．

　遠藤（2005）は，「観光という「イメージの織物」―奈良を事例とした考察」の中で，興味深い指摘を行っている[13]．彼は，観光情報誌，パンフレットなどのメディアによって，奈良に対するイメージがどのように変化しているかを調査した．

　その結果，ツーリストたちは「観光地」のイメージについて単に受動的にメディアのイメージを受け入れているわけではない．確かに観光情報誌やパンフレットなどのメディアはイメージを反復・再生産する上で大きな力をもってはいるが，ツーリスト自身は，既存のものでもって，観光メディアのイメージを利用して「ブリコラージュ」[14]を行い，自分たちだけのイメージを構築するべく，その構造を変換し，日々微小な変化を加えている可能性を指摘した[15]．

　「観光心理学論」は，心理学者マズローによる，モチベーションの「欲求の階層性」理論を根拠にしている．マズローの欲求階層理論によれば，人間が内部にもっている様々な「欲求」が「目標」に誘発されたとき，その「目標」に向かう行動が生じる．観光行動においても，自分の内部にある「欲求」を充たす行為として行われることになる．

　宮原・宮原（2001）は，観光行動を心理学的に分析している．まず，一番基底にあるのが，「生理的レベル」と言われるものである．マズローの

言う「生理的欲求」とは,「生きていくことへの欲求」である.人間が生きていくためには,食べる,眠るなどが必要である.「生理的欲求」が充たされると,身体的にも,精神的にも安全でありたいという「安全への欲求」が生まれる.海外旅行に参加する人の中で問題になるのは,観光が安全に行われるかどうか,その観光地が安全であるかどうか,ということである.

次に,「所属と愛情の欲求」とは自分が仲間の1人として処遇されていることへの欲求と,愛したい,愛されたいという欲求である.「承認への欲求」とは自分が社会の他の人々から承認されたい,賞賛されたいという欲求である.

その「所属の欲求」「承認の欲求」の上位に,「自己実現の欲求」がある.マズローは,「自己実現への欲求」を「人がなるところのものにますますなろうとする欲求.なるところのできるものであれば,何にでもなろうとする欲求」と述べた.すなわち,自分の能力や可能性を発揮したいということへの欲求である.

人間は様々なレベルで行動を起こす.その中でも,「観光行動」は,極めて人間的な行為である.人間以外の動物の世界に「観光行動」はない.「観光」は,人間だけの行為である.マズローの階層性で言えば,「観光」は,自己実現を目指す行為,社会的承認の行為である.高いレベルの行動ということになる.

人間は,観光情報,観光環境に対して知的好奇心をもつ.知的好奇心は人間を観光行動に向かわせる「内発的動機」になる.宮原英種は「日常的な単純な生活から少し複雑な,目新しい非日常的な生活へ移行したい」という気持ちが観光行動の動機となると指摘した[16].

つまり,人々は新しいもの,刺激的なものに対して好奇心をもち,自己実現したいという欲求によって観光する.メディアは,人々は未開拓の土地に好奇心をもつきっかけを与え,そこを冒険したいという欲求を誘発する効果があるというのである.

中国映画『非誠勿擾』の事例から見ると，観光者たちは映画によって知的好奇心をかきたてられ，北海道のロケ地へ旅行したいという内発的動機づけにつながっている．ある意味で，観光による自己実現を求めていると解釈される．

13億人の中国人の中で，ロケ地巡りツアーに参加できる人はわずかである．ロケ地は，北海道の大都市ではなく，普通の観光では行かない何の変哲もない所も多くある．大部分の参加者は，映画の視聴によってロケ地および北海道への知的好奇心が増し，実際に現地に行ってみたいという内発的動機づけによって，観光に出発するのではないだろうか．そして，映画を見た中国人にとっては，他の旅よりも価値のあるもので，ツアーそのものが自己実現であると考えられる．

2-3．韓国ドラマ『冬のソナタ』に関する研究

メディア誘発型観光では，韓国ドラマ『冬のソナタ』が1つの良い例と言える．『冬のソナタ』についての研究には様々なものがあるが，ここでは，本研究と関連が深いメディア誘発型観光に関する先行研究をレビューしておきたい．

『冬のソナタ』は，2002年1月から同年3月に韓国KBSで放送され，平均視聴率23.1％を記録したテレビドラマである．視聴率に限ってみれば，それほど高い数字を挙げたとは言えないかもしれない．実際，『冬のソナタ』の韓国での視聴率は，今までの韓国でのテレビ放送では上位30位以内にも入っていなかった．

しかしながら，日本においては，2003年4月からNHKBS2で放送され，好評を得たため，2003年12月に再放送された．この韓国のテレビドラマ『冬のソナタ』に対し，日本のメディアは，最初はあまり注目していなかった．しかし，2004年4月にNHK総合で再放送されると同時に，『冬のソナタ』ブームが到来した．さらに，テレビ，ラジオ，映画，音楽，新聞，出版などの各メディアが競合して韓国の文化芸能情報を取り上げ，「韓流」

と呼ばれるブームが巻き起こった[17].

　ドラマ『冬のソナタ』のヒットとともに，各旅行会社も韓国でのロケ地巡りツアーを企画，ドラマの舞台になったソウル，春川などには連日，日本人観光客が訪れるようになる．

　増淵敏之は2010年，『物語を旅するひとびと』の中で，日本人の『冬のソナタ』ロケ地巡りについて，次のように述べている．

　「観光で見てみると，旅行業界においては，JTBの『冬のソナタ』ロケ地ツアーは2004年8月から同年10月の間に予想の3倍にあたる1500人が利用した．また，近畿日本ツーリストもテーマを絞った韓国のパック旅行「韓流 Style」を2004年10月に売り出した．ペ・ヨンジュン主演のドラマ『ホテリアー』の舞台になったホテルに泊まり，『冬のソナタ』のロケ地を巡るツアーなど6コースを用意し，2004年12月までに3000人の集客を見込んでいる」[18].

　また，第一生命経済研究所によると，2004年4月から10月までの7ヶ月の間で，日本の『冬のソナタ』ブームによる韓国への旅行者数は18万7192人増加，また韓国の観光収入は2999億5000万円増加したと発表した[19].

　『冬のソナタ』ブームは，韓国だけでなく日本のマクロ経済にも好影響を与えた．日本経済への具体的なプラス効果としては，①日本国内での『冬のソナタ』関連商品の販売増加，②「冬ソナ」主演のペ・ヨンジュンやチェ・ジウ起用のCM効果による商品の売り上げ拡大などが考えられるとし，「冬ソナ」効果による2004年度の日本国内消費増加額は364億円になったとされる[20].

　ストーリーについて，山登義明は次のように説明している．

　ユジン（チェ・ジウ）の高校にジュンサン（ペ・ヨンジュン）が転校して来る．どこか暗い影のある彼だったが，2人はだんだんと惹かれていく．それはユジンにとってまさに初恋である．しかし，繁華街で待ち合わせをした大晦日の夜，初恋の人ジュンサンを交通事故で失うことで，別れは突然

やってくる．10 年後，ユジンは幼なじみのサンヒョク（パク・ヨンハ）と婚約をし，インテリア設計会社「ポラリス」を友人と経営して充実した日々を送っていた．しかし，心の中では初恋の人ジュンサンを忘れられずにいた．そんなある日，そんなユジンの前にジュンサンにそっくりなミンヒョンが現れる．また，同窓会で女友人のチェリン（パク・ソルミ）が恋人のミンヒョンを連れてくる．ジュンサンとうりふたつのミンヒョンとサンヒョクの間で，ユジンの心は揺れ動く．その中で，ユジンはミンヒョンが交通事故に遭って記憶喪失になった高校生時代の初恋の人ジュンサンだったことを知り，ミンヒョンとユジンは一緒になる決意をする．しかし，2人は兄妹かもしれないという出生の秘密が明らかになり，一度は別れるが，最後に 2 人の兄妹疑惑は晴れて，恋人として再会を果たす．その時，ミンヒョンは，ユジンがデザインした絵のような家を海辺に建てて生活しているが，ユジンが会いに行った時ミンヒョンは 10 年前の交通事故が原因で失明していた，という物語である[21]．

　このようなあらすじをもつ『冬のソナタ』は，「かなえられない初恋」をテーマにした純愛の物語であり，それが主題歌，挿入歌をはじめとした，幾つかの曲や，主人公たちを演じた俳優たちの高い人気などに支えられ，多くの話題をさらったのである．

　このドラマにおいて，もう 1 つ見過ごすことができない要素は，監督が『秋の童話』を撮ったユン・ソクホであることと遠藤は指摘している[22]．彼は舞台セットよりも外部ロケを多用し，ドラマを盛り上げる上で効果的に「風景」を使う監督として知られている．そのためロケ地として幾つかの場所が使われ，そこが韓国において人気のデートスポットになり，多くの人々が訪れるようになっていくという．

　『冬のソナタ』のロケ地は，①チュンチョン（春川），②ナミソム（南怡島），③ヨンピョン（龍平）リゾート，④チュアム（湫岩）海水浴場，⑤ソウル，⑥ウェド（外島）が挙げられる．

　ドラマのロケ地であるチュンチョン（春川），ナミソム（南怡島），ヨンピョ

ン（龍平）リゾート，ソウルの各場所は，様々なシーンで印象深く描きだ
された．例えば，チュンサンとユジンが高校生の時に2人きりで歩くシー
ンや，2人乗りで自転車に乗るシーンは，並木道を使って印象的に描かれた．
2人のファーストキスのシーンのロケ地は，スキー場で効果的に撮影され
ている．美しいロケ地を印象的な背景として用いることによって，視聴者
に強いインパクトを与えるのである．

　ドラマ『冬のソナタ』ロケ地巡りツアーは，2004年中頃には月1500人
ほどの観光客を集めたが，2006年初頭には参加者が50人に満たない状況
となり，この観光ツアーは中止されるに至った．しかし，2014年現在でも，
現地でのオプショナルツアーは残っている．まとめると，『冬のソナタ』
観光ブームは，2004年から2006年に集中し，メディア誘発型の社会現象
になったと言える．

　『冬のソナタ』の観光ブームついては，増淵敏之の研究がある．彼は，こ
のブームに熱中していた人は30代から50代女性が中心であると指摘して
いる．現地でのツアーには，ドラマの細かいロケ地までもが盛り込まれて
いた．『冬のソナタ』は日本人の30代から50代の女性の記憶には，かな
り物語の細かいカット，シーンまでもが，深く浸透していたと指摘されてい
る[23]．

　ペ・ヨンジュンが2004年11月に来日したときは3000から5000人のファ
ンが成田空港まで出迎えに集まり，宿泊先のホテルニューオータニでは
ファンがパニックになり，けが人が出る始末となった．韓流ブームは，中
年女性によってリードされた現象だったという特徴がある．

　なぜ，日本の30代から50代の女性が『冬のソナタ』に熱中したのだろ
うか．毛利嘉孝は次のように述べている．

　　　30代から50代の女性たちは，『冬のソナタ』を見ながら，今までに
　　忘れかけていた純粋な愛，家族への愛，友情などについて考えさせら
　　れた．ドラマ『冬のソナタ』を通じて，純粋で美しいイメージを思い

出すようになった．女性たちは，皆が個人主義に突き進む現在の日本の社会を生きている．彼女たちは昔あった懐かしい思い出とか，忘れかけていたものを，『冬のソナタ』というドラマによって，再び思い出した．日本の30代から50代女性は，ドラマの映像や音楽，そして懐かしいストーリーが添加されることで，新たな感情を自らが創り出したのである．

毛利嘉孝は社会心理学の視点からそう説明している[24]．

そして，その創り出された感情は，単にドラマを見て満足するだけでは足りず，「聖地巡礼」へと人々を駆り立てる起因になった．

3．中国映画『非誠勿擾』の概要と北海道の観光ブーム

3-1．映画のストーリー概要

本研究対象である映画『非誠勿擾』（写真1）と北海道観光ブームについて検討を加えたい．まず，同映画のストーリーの概要を説明する[25]．

写真1　日本では映画『狙った恋の落とし方．』というタイトルで公開された．

40代独身の主人公チン・フェン（グォ・ヨウ）は，最近流行りの海外留学組でアメリカから帰国したばかり．アメリカで成功を収めることはできなかったものの，ある日セクシーな美人秘書（MIUMIU）を従える投資家（ファン・ウェイ）に珍妙な「発明品」を売りつけることに成功し，一夜にしてビッグマネーを手に入れた．

これを機に，真剣に身を固めようと，インターネットに「結婚相手募集」のメッセージを掲載．そこに書き込まれた条件とプロフィールは，高学歴，企業経営者の女性，イケメンや金持ちを希望する女性は不可，こちらも女優やグラビアアイドルなどは望んでいない，自分は会社も株も学歴もない「3なし男」だが，善良で有益無害な人間である．興味のある方は連絡を，ただし「非誠勿擾」（冷やかしお断り）——というもの．このユニークなメッセージを見て，早速複数の女性がお見合い相手として応募してきた．

ゲイ，墓地のセールスレディ，不倫中のキャビンアテンダント，美しい未亡人，妊娠している台湾のお嬢様，株のトレーダーらとお見合いするが，どれもうまくいかない．

そんな時に，以前お見合いをした不倫中のキャビンアテンダント，シャオシャオが現れ，「結婚を前提としたお付き合いをしたい」と申し出る．ただし，チンが交際をスタートさせるには，「心は愛する人のものであることを許してほしい」という条件を飲まねばならなかった．

そして，2人はシャオシャオの恋が始まった思い出の地，北海道へ行くことに．チンにとっては恋を実らせるため，そしてシャオシャオにとっては恋を終わらせるための旅が始まった．

JR北浜駅，国泰寺，阿寒湖温泉街，居酒屋，阿寒湖，キリスト兄弟団斜里教会，露天風呂（岩尾別温泉），キャンプ場（国設知床野営場），能取岬など，北海道の美しい風景をバックに，物語は進んでいく．能取岬で，チンはシャオシャオに愛を告白する．

明け方，シャオシャオは自分の苦悩を手紙を残したまま，岬から海に飛び込んだ．幸い警察に救われた．助けられたシャオシャオは，昔のことを

忘れ，新しい生活を始めようと決心する．

3-2．北海道の主なロケ地

　ここでは，同映画の主要な北海道ロケのシーンと実際の現場の様子を紹介する．現地を実際に調査で訪れたのは，2010年8月である．写真は，すべてその時に撮影したものである．

1）「北浜駅」

　北浜駅は映画の後半，最初に登場した北海道の舞台である．チン・フェ

写真2　ＪＲ北浜駅の外観．

写真3　ＪＲ北浜駅舎内にびっしりと貼られた名刺．大半は中国人．

134

写真4　ＪＲ北浜駅に設置してあるロケ場所を示す看板．網走市が設置した．

ンの友人で案内役のウーさんとの待ち合わせ場所．オホーツク海に日本で一番近い駅．よくドラマや映画のロケ地として使用されている．駅舎の待合室の壁面は，旅行者が訪問の足跡として貼った名刺や切符などで埋め尽くされている（写真2，3）．

　映画の中のイメージと実際はほぼ同じ，駅舎内にある名刺が，多くの中国人が訪れたことを物語っている．さらに，北浜駅のすぐ隣には看板が立てられ，中国語で「ここが映画『非誠勿擾』のロケに使われた場所」であると説明されている（写真4）．これは，中国人観光客のための，観光案内看板であることがすぐにわかる．

　2）「阿寒湖」

　阿寒湖は，映画の中で，重要な物語が展開する場所である．窓いっぱいに広がる湖に浮かぶ遊覧船を見たシャオシャオは，彼との思い出を回想する．撮影に使用されたのは釧路市阿寒湖にある「あかん鶴雅別荘　鄙の座」という温泉旅館．故郷のようなほっとする高級旅館．華やかさと品格のある雰囲気が漂い，日本らしさを感じられる．阿寒湖の湖は，映画のポスターの背景にも使われている（写真5）．

写真5　ロケ地となった阿寒湖周辺.

3)　「炉ばた浜っ子」

　阿寒湖の温泉街にある「炉ばた浜っ子」という居酒屋は，映画の中では「四姉妹」という名で登場している．チンは「四姉妹」の写真に惹かれ，シャオシャオを旅館に残したまま遊びに来る．ここで「昴」がカラオケで歌われる（写真6）．

写真6　「炉ばた浜っ子」の外観（阿寒湖）.

『非誠勿擾』ロケ地巡りの観光客の中で，居酒屋「四姉妹」は非常に人気がある場所．映画で使用された居酒屋「四姉妹」のポスターが店の壁に貼ってある．

2010年8月の調査時点では，温泉街には中国人観光客がいっぱいで，街を歩くと，中国語がよく聞こえてきた．さらに，中国人観光客から「居酒屋『四姉妹』はどこですか？」と尋ねられた．それほど居酒屋「四姉妹」は，映画の公開後に人気スポットとなっていた．現実の居酒屋名は「炉ばた浜っ子」だが，中国人旅行者にとっては，「四姉妹」の名で覚えられていた．

4) 「キリスト教会」

小さなキリスト教会で，チンが長時間にわたり，過去に自分が犯した悪事の数々を牧師に懺悔する場面が映画の中で登場する．これは，斜里町にある小さな教会がロケに使われた．いくつかの候補の中から，監督の想像していたイメージにこの教会が合致しロケ地に選ばれた（写真7）．

この教会は，雄大な風景の中にポツリとたたずみ，見た目は非常にシンプルである．映画公開後，ここにも多くの中国人観光客が訪れるようになった．映画のシーンでは極めて印象的に描かれているが，実際は小さいシンプルな教会で，訪れた中国人観光客たちも意外な顔をする人が多かった．

写真7 ロケに使用されたキリスト教会（斜里町）．

5）「能取岬」

　北海道ロケ地の最終のシーンで使われたのが能取岬である．ここで，チンがシャオシャオへの愛を告白する．さらに，シャオシャオが海に飛び込む場所でもある（写真8）．

　オホーツク海に突出する岬で，標高40〜50mの崖からは水平線を見渡せる．冬は流氷の見学スポットとしても人気．映画の中では，灯台は黒が赤に着色されている．

　映画の中では，能取岬はとても雄大な自然を感じさせるスポットとして描かれている．灯台と海，そして，緑いっぱいの自然は，中国人視聴者の心を掴んだと思われる．実際に，映画で使われている場面だけではなく，能取岬の入り口のすぐ近くには，馬が何頭か飼われており，北海道の自然の豊かさを実感できる．この能取岬の入り口付近に，ＪＲ北浜駅と同じ中国語の案内看板が設置されていた．

写真8　能取岬（網走市）．

6）「感動の道」

　北海道大空町にある，真っ直ぐな1本の坂道もロケに使われた．北海道

写真9 ロケに使われた一直線の道路（北海道大空町）.

の地元では，この道は「感動の道」と呼ばれている．映画では，チンの友人ウーさんは，最後の場面で，この道で車を走りながら，『知床旅情』を歌った（写真9）.

　以上，映画『非誠勿擾』の主要なロケ地を紹介した．映画の中のシーンと実際の現場を比べると，ほぼ，同様である．ロケ地に行くと，自然と映画のストーリーが自然に浮かんで来た.

　それに加えて，実際に現場に行くと，映画で見られるものだけではなく，映画の「裏舞台」も見えてくる．D. マッカネルの「表舞台と裏舞台」理論によれば，観光客は映画のロケ地だけではなく，ロケ地に住んでいる住民，生活習慣，周りの風景なども体験する．それは，ロケ地巡りのもう1つの楽しみとなる．例えば，能取岬に行く中国人観光客は能取岬の海と灯台を見るだけではなく，周りの風景も見られる．普段見られない馬も見ることができ，北海道の雄大な自然を楽しむことができる.

　阿寒湖の温泉街では，温泉，日本的なおもてなし，店主やスタッフとの会話など，映画にはない舞台裏を体験できる.

3-3．プロデューサーへのインタビュー

　続いて，なぜ北海道が映画『非誠勿擾』のロケ地に選ばれたのか．映画『非誠勿擾』による北海道の観光ブームについてどのように思っているのか.

さらに，映画をきっかけに，これから中国人観光客にどのような期待がある
のか，それらを明らかにするため，同映画のプロデューサー2人へのインタ
ビューを取り上げる．1人は，日本におけるロケ地の順番や場所決めを総括
した「日本ロケ地ラインプロデューサー」の元持昌之氏，もう1人は，日本
におけるロケ全般を総括した「日本ロケ地プロデューサー」の宇崎逸聡氏．

1) 日本ロケ地ラインプロデューサーへのインタビュー

インタビュー実施日時：2010年9月29日午後

インタビュー場所：株式会社ニトリパブリック

　　　　　　　　（東京都港区六本木六丁目1-24　ラピロス六本木　3階）

インタビュー対象：元持昌之 氏

**質問1：なぜ，北海道は映画のロケ地になったのですか．また，元持さん
　　　　はなぜこの映画に係わったのですか？**

元持：映画『非誠勿擾』の監督フォン・シャオガンはプライベートで北海
　　　道に旅行してきたことがあって，その時に北海道は美しいなと思い，次
　　　の映画で北海道をロケ地にすることにしました．中国の映画で日本をロ
　　　ケ地にすることを知って，私は手伝うことを頼まれ，中国の映画製作ス
　　　タッフを連れて，ロケ地を案内しました．また，日本の各機関に許可を
　　　取りました．例えば，最初のシーン北浜駅で撮影するためには，JRの
　　　許可がなければいけないので，私たちは1日かけて，その許可をもらい
　　　ました．

質問2：ロケ地で一番印象に残ったところはどこですか？

元持：阿寒湖です．「鶴雅」という温泉ホテル，旅館の社長さんが良かっ
　　　た．彼はただのお金儲けだけではなく，やっぱり地域振興ということを
　　　ちゃんと考えている人だと感じました．

質問3：中国での映画の反応はどうですか？

元持：大変良かったです．中国では，試写会の時から割れんばかりの拍手

が起こっていました．おそらくすごい数の中国人が見ているのだと思います．もちろん，映画を見て皆さんはロケ地に行きたいと言っています．映画には，こんなにもパワーがあるのだとわかったこともプラスです．

質問 4：中国映画で，こんなに日本のことを取り扱った映画は今までになかったのですか？

元持：そうですね，なかったです．ただ，監督が中国有数のヒットメーカーだったので，「この映画はヒットする」という確証がありました．この映画がきっかけとなって，日本の映画を中国で撮影したり，中国の映画を日本で撮影したりという機会が増えることでしょう．

質問 5：ロケ地になった場所に，観光客が押し寄せているということを，どう思いますか？

元持：素晴らしいことだと思います．今まで，みんな映画にこんなにパワーがあるとは思っていなかったのではないでしょうか．もっと，これからは映画のもつパワーをみなさんに信じてもらいたいと思います．

質問 6：今回，中国のメディア(映画)が北海道を取り上げることによって，北海道の知名度が上がり，行政が中国へ観光 PR 活動を積極的に行うようになりましたが，それについてはどのように考えますか？

元持：いま，この映画がきっかけとなって，韓国メディアがドラマで青森を取り上げ，町おこしに貢献しています．例えば，世界で一番雪が降るのは新潟だと，海外の人は知らない．だから，そういうところをこれからも PR していくべきなのではないかと思います．

　2)　日本ロケ地プロデューサー

　日本ロケプロデューサーの宇崎逸聡のインタビューについては，『狙った恋の落とし方.』オフィシャルブックに記載されている部分を引用し，後段の考察の材料とする[26]．

質問 1：今回はプロデューサー業に加え，役者としても重要な役どころで

出演されましたが，振り返ってみていかがですか.

宇崎：映画は初出演にもかかわらず，フォン監督は台本よりもアドリブを重視される監督ですし，プロデューサーの仕事をやりながら演じるというのは，かなりのプレッシャーでした．しかし，優秀な日本人スタッフに恵まれ，大きなトラブルもなく終えることができました.

質問2：北海道への想いは強かったようですね.

宇崎：僕や監督の世代について言えば，1970 年代の娯楽映画のない時代，高倉健主演の『幸せの黄色ハンカチ』や『遥かなる山の呼び声』といった日本映画を見て，日本を初めて認識しました．あの頃に観た日本映画は，北海道を舞台にした作品が多く，それこそ同じ作品を 20 回も 30 回も見ましたから，北海道は憧れの地だったのです.

質問3：北海道ロケで苦労されたことは？

宇崎：撮影は夏（8 月 21 日〜9 月 20 日）だったのですが，監督は当初，最初のロケハンでみた雪景色を気に入っていたこともあって，イメージが違うからと，撮影に入った後ロケハンしながら進行していきました．日本とは全く違う撮影方法ですよね．また，1 つのシーンに強いこだわりをもった監督ですので，いきなりダメ出しになり，スケジュールが白紙になったことも，そういった問題は，優秀なスタッフがクリアしてくれましたが.

質問4：北海道の魅力とは？

宇崎：47 都道府県があるなか，一番広いのが北海道，四季それぞれに魅力がありますし，狭い東京とは違い，開放感があります．海産物にスイーツ，北海道へ行けば，おいしいものも食べられますし.

質問5：その北海道が大変なブームとなっていますが，これほどのブームになった理由は，どのへんにあるとお考えですか.

宇崎：これは要するに監督の力なのですね．もしこの映画を沖縄で撮ったとしたら，おそらく沖縄ブームが起こっていますよ．中国人のなかには，昔の映画のイメージがなくとも，北海道は存在感があります．景色がき

れい，食べ物がおいしい，というイメージを，多くの人が抱いています
から．その魅力ある北海道を，監督の映画を通して表現したわけですか
ら，なおいっそう効果的だったのではないでしょうか．

**質問6：中国からの観光客も増えていますが，これはやはり映画の影響が
大きいのでしょうか．**

宇崎：そうだと思います．これは100％と言えるくらい映画の影響だと思
います．インターネットの調べもあったんですけど，日本に来るほとん
どの人がこの映画を観てから来ていたという結果が出ていますから．

**質問7：今後，ますますたくさんの中国人観光客を迎える北海道の観光業
にとって，解決すべき課題は何でしょうか．**

宇崎：人の考え方が，東京なんかと比べると，閉鎖的という印象を受けま
すね．今がチャンスなのですから，本気でインバウンドしたいと考える
なら，有効なお金の使い方で，それなりの宣伝をしないと，実際，北海
道観光へ来ているのは，決して富裕層だけじゃありません．ですから，
例えば，安くて質のいいツアーを組むとか．広い北海道の場合，観光ポ
イントを回るのに，どうしても移動時間がなくなってしまいますから，
正直，4泊5日の日程では足りません．仮に1日2万円として5日で10
万円というように考えるのであれば，絶対に満足してはもらえませんよ．
移動時間が長いから値段を下げ，5日で7万円にする．でも，従来の10
万円ツアーと同じコースを回る，というような付加価値がなければ，映
画がヒットしたから，黙っていても中国人が来るだろうという考えは間
違いです．中国語通訳を養成するとか，旅館・ホテルが中国語対応する
とか，そういう努力をしないと，今の時代には対応できないと思います．

3） 結果と考察

　日本国内におけるロケに関するプロデューサーの元持昌之氏，および宇
崎逸聡氏の2人のインタビュー内容を分析することによって，次の5点が
明らかになった．

① 　この映画がヒットした理由は，フォン・シャオガン監督の力が大きいこと．フォン監督は，中国映画界を代表する正月映画の第一人者で，「監督の作品を見なければ年を越せない」と言われるほど，楽しみにしているファンが多い．主演者のグォ・ヨウも正月映画には欠かせない1人．いまやフォン監督とグォは，『男はつらいよ』の山田洋次監督と渥美清のような，中国における正月映画の最強コンビとも言える．

② 　この映画は，多くの中国人の心を魅了し，北海道は一躍憧れの場所になったこと．それは，撮影の腕がうまいだけではなく，ロケ地の選択にも独特の視点があったことがわかる．映画のストーリー，主人公たちの心の動きをうまく表現できる場所が選ばれた．小さな駅，小さなキリスト教会という何の変哲もない場所にも，中国人観光客が大勢押し寄せて来ている．それは，観光客の気持ちが，駅や教会に行きたいということではなく，映画の出演者たちの気持ちを追体験してみたいということではないかと思われる．映画のもつストーリーテリングの力は，極めて大きいことがわかった．

③ 　日中間における映画撮影交流の可能性が大きいこと．元持昌之氏と宇崎逸聡氏は2人とも，日本におけるロケのプロデューサーであるが，中国の映画が海外ロケをすることは珍しいため，いろいろな許可を得る作業をこなした．今回は，中国映画の日本ロケの先例となったわけで，今後，中国と日本における相互の許可申請や映画撮影の交流拡大の可能性があることが示唆された．

④ 　北海道の魅力は，中国人にとって大きいこと．中国人が北海道に寄せる好印象は，老若男女を問わない．1980年代頃に日本映画を観た世代にとっては，映画のロケ地としての北海道の風景が，脳裏に深く刻まれている．高倉健主演の『追捕（邦題：君よ憤怒の河を渉れ）』，『幸せの黄色ハンカチ』，『遥かなる山の呼び声』などは，当時の中国人の約8割が観ている．一方，若い世代がイメージする北海道は映画『ラブレター』（岩井俊二監督）によるものぐらいだが，この映画を通して，雪が厚い，寒い

イメージだけではなく，新しいイメージが作られたのではないだろうか．

⑤　中国観光客を今後も誘致するためには，もっと宣伝が必要であること．今回，映画『非誠勿擾』のロケ地は，札幌，函館，十勝と言った一般的に人気スポットとなっている場所ではなく，道東地区が舞台となっている．ロケ地のイメージは，札幌などの大都市と違って，非常に開放的，自然豊かな雰囲気が醸し出されている．今回の映画による北海道ブームを契機に，日本観光をどのように中国で宣伝するのか．どのような旅行プランを制作するのかが重要となってくる．中国語通訳を養成するとか，旅館・ホテルが中国語対応するなどの努力をしないと，中国人観光客は来ない．現在，中国では海外旅行がブームになっている．このため，ヨーロッパ，米国などとの間で激しい競争にさらされるため，映画のヒットまかせだけではなく，北海道自体によるさらなる宣伝が必要となってくる．

4．中国映画『非誠勿擾』による
誘発型観光に関する調査研究

4-1．網走市のデータ分析と担当者へのインタビュー調査

1)　網走市のデータ分析

2010 年 8 月 2 日から 8 月 5 日まで北海道網走市と釧路市において現地調査を行った．網走市と釧路市では，中国映画『非誠勿擾』による北海道の観光ブームについて，市役所の担当者にインタビューし，実際に映画の影響はどのぐらいあるのかを調査した．

まず，網走市区役所経済部観光振興室から 2007 年度から 2010 年度のデータを収集し，表 1 を作成した．

表 1 によれば，網走市には香港の宿泊者が最も多い．しかし，2007 年度から減少傾向にある．台湾の宿泊人数は香港に次いで 2 番目になっているが，2008 年度の人数は 2007 年度より急に減っている．韓国の観光客は

表 1　網走市アジア系外国人宿泊者数

（人）

	中　国	韓　国	台　湾	香　港	その他	合　計
2007 年度	915	1,598	7,643	9,136	3,258	22,550
2008 年度	1,416	2,283	4,807	7,532	4,423	20,461
2009 年度	2,385	1,253	4,122	8,435	3,651	19,846
2010 年度	2,886	1,745	4,317	6,191	4,384	20,050

出所：網走市観光動向調査.

図 3　2007 年～ 2010 年網走市中国人宿泊者数

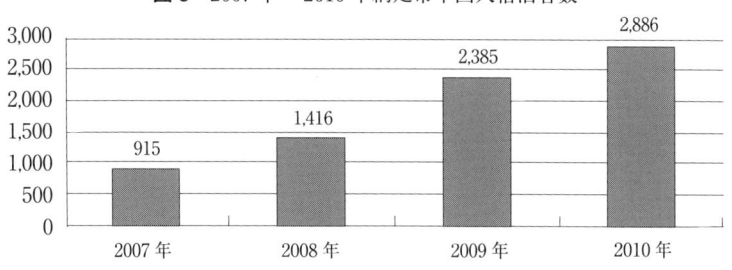

出所：網走市観光動向調査.

よく日本へ旅行するイメージだが，網走市では，アジアの宿泊者の中で韓国が 2007 年度 3 位を占めたものの，2009 年度に至っては，中国に抜かれた．

　網走市では，中国の宿泊人数が年々増続け，2007 年度の 1000 人未満から，2008 年度には 1416 人に上がった．さらに，2009 年映画の公開後には約 1000 人増加し，2385 人に上っている．網走市の中国人宿泊者数を棒グラフにしてみると映画が公開された 2009 年の増加が明白である（図 3）.

　2)　網走市の担当者へのインタビュー調査

インタビュー実施日：2010 年 8 月 3 日

インタビュー場所：網走市経済部観光課会議室

インタビュー対象：網走市経済部観光振興係長　田口徹 氏

質問 1：最近網走市では中国人観光客が増えているそうですが，実際はど

　うですか.

田口：2008 年の 8 月から 9 月にかけて，この道東地区で中国映画『非誠勿擾』が撮影され，注目されました. 2007 年はまだ中国人観光客が少ないですが，2008 年度には映画の関係者が泊まったこともあり，およそ 1400 人の宿泊数がありました. 2007 年以前，中国人宿泊人数は 2006 年の 382 人が最大でした.

質問 2：いつから中国人観光客が増えてきたか.

田口：2009 年から，中国人観光客は急増しました.

質問 3：今はどのような状況ですか.

田口：中国北京からチャーター便が月 2 回飛んでいるため，旭川空港，新千歳空港を利用する富裕層の観光客が増加しました. 中国映画『非誠勿擾』ロケ地ツアーで来る団体観光客が多いですね. 網走市内では,北浜駅, 能取岬をルートとして回りますが，団体客で網走市内で泊まる方はまだ少ないです. ロケ地ばかりを回るルートが多いです. また，冬に，流氷を見に来る中国人も増えています.

質問 4：映画のヒットは網走市にとって，どのような影響があるか.

田口：世界不況の中で，中国は唯一の拡大市場で，とてもありがたい.

質問 5：観光ブームが起きているのは，映画の影響だと思っているか.

田口：そうです. 中国でこんな北海道観光ブームが起きて，この映画『非誠勿擾』の影響はとても大きいと思います.

質問 6：観光局としてこれから，中国人観光客の増加を期待しているか.

田口：とても歓迎しています. 中国には大きい観光市場があるし，経済成長とともに，経済力ももっている. これからは中国人に対するビザの緩和を行い，もっと多くの人に来てほしい. 日本のよいものを見てほしいと思います.

3)　2011 年 10 月 13 日，メールによる追加インタビュー

2011 年 3 月 11 日に東日本大震災が発生した. その後の状況を知るため

に，メールを使って，再度，田口徹係長に追加インタビューを行った．

質問1：2011年3月11日東日本大地震の影響で，『非誠勿擾』ロケ地観
**　　　光ブームはどのような現状ですか．**

田口：平成23年3月11日に発生した東日本大震災による原発事故の影響
　　で，現在中国人観光客はほとんど網走へ来ていない状況のため，ブーム
　　が続いているかどうかははっきりしません．しかし，日本に視察にくる
　　中国旅行会社等に聞いたところでは，ブームはまだ継続しているとのこ
　　とであり，一刻も早い中国人観光客の回復を待っている状況です．

質問2：『非誠勿擾』の観光ブームに対して，どのような政策を行ってい
**　　　ますか．**

田口：網走市では，以前から台湾，香港，韓国などの東アジア諸国へ観光
　　プロモーションや観光関係者・メディア等の招聘事業を行ってきました
　　が，映画のヒット後，中国へのプロモーションなどを増やし『非誠勿擾』
　　の撮影現場などのPRをするなど，中国人観光客誘客に向けた取り組み
　　を進めています．また，中国観光雑誌に映画撮影地を紹介する記事掲載
　　も行っています．『非誠勿擾』撮影地（能取岬，北浜駅，中園地区）におい
　　ては，撮影地案内看板を設置したのをはじめ，簡体語の『非誠勿擾』パ
　　ンフレットも作成しています．中国人観光客受入体制整備としては，市
　　内の観光看板や観光施設における表示看板について簡体語を含む多言語
　　化を推進しているのをはじめ，ホテルにおける従業員の外国人応対教育
　　として，外国人おもてなし講習等を開催してきました．

4-2．釧路市のデータ分析と担当者へのインタビュー調査

1）　釧路市のデータ分析

　網走市市役所に次いで釧路市役所でも，データの収集・分析および，イ
ンタビュー調査を行った．

　表2によれば，釧路市の外国人宿泊者数は，台湾の観光者が最も多いが，

148

表2 釧路市のアジア系外国人の宿泊者数

(人)

	中　国	韓　国	台　湾	香　港	その他	合　計
2007 年度	1,076	4,339	32,975	4,326	8,177	50,893
2008 年度	2,763	7,394	27,690	6,678	7,880	52,405
2009 年度	12,949	3,719	23,291	6,876	6,990	53,825
2010 年度	14,388	3,502	23,278	8,706	8,471	58,345

出所：釧路市産業振興観光局.

2008 年から宿泊者数は減っている．2007 年，2008 年においては，まだ韓国と香港の宿泊者数が中国より多かったが，2009 年から，逆に中国の方が多くなってきた．

　平成 21 年（2009 年）北海道観光入込客数調査の概要によれば，中国の国内景気の好調維持を背景に，世界的に旅行需要が低迷する中で，唯一の拡大市場になったとされている．北海道の自然と温泉が人気であるほか，道東を舞台とした中国映画『非誠勿擾』のヒットを背景とした北海道ブームも継続しており，また，7 月に一部富裕層に訪日個人観光ビザが解禁されたため，個人の旅行形態による訪日旅行需要が創出されるなど，通年では倍増するという結果になった[27]．

　そして，釧路市の中国人宿泊者数を棒グラフで表すと，図 4 のようになり，映画の影響が大きかったことがわかる．

　続いて，釧路市産業振興部観光振興室長補佐，渡辺港吾氏に，インタ

図4　2007 年～ 2010 年釧路市中国人宿泊者数

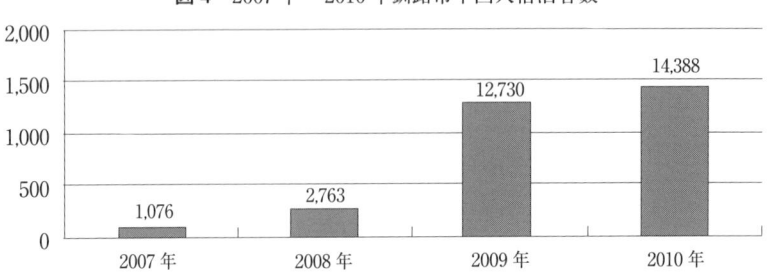

出所：釧路市産業振興観光局.

ビュー調査を行った．彼は映画『非誠勿擾』にもエキストラとして出演も
している．

2)　釧路市の担当者へのインタビュー調査

インタビュー実施日：2010 年 8 月 5 日

インタビュー場所：釧路市産業振興部観光振興室

インタビュー対象：釧路市産業振興部観光振興室長補佐　渡辺港吾氏

渡辺港吾は映画の中でヤクザを演じた．たったワンシーンであったが，
映画のエンドロールに出演者として名前が記載されている．

質問 1：最近釧路市では中国人観光客が増えているそうですが，そのきっ
　　　　かけは何ですか．

渡辺：2008 年の 8 月から 9 月にかけて 1 ヶ月間，釧路・網走方面で撮影
　　　された『非誠勿擾』という中国映画のヒットがきっかけになっていると
　　　思います．

質問 2：実際はどのぐらいの中国人観光客が増加しましたか．

渡辺：ロケ地になった，釧路の阿寒湖の宿泊者数で見てみますと，2008
　　　年度は約 2500 名だったのですが，2009 年度は 1 万人を超える中国人の
　　　方が，宿泊しています．

質問 3：ロケ地の中で，どこが一番中国人観光客を集めていますか．

渡辺：釧路の中で言いますと，阿寒湖畔．こちらに，「四姉妹」という居
　　　酒屋の舞台になった場所がありますし，網走では斜里の小さな教会が人
　　　気になっているようです．阿寒湖温泉街では，居酒屋「四姉妹」はどこ
　　　にあるかよく聞かれました．

質問 4：映画のヒットは釧路市にとって，どのような影響がありますか．

渡辺：まずは，中国人観光客が急増しました．多くの中国旅行会社が問い
　　　合わせをして来ました．その他，釧路市の知名度がアップしているので
　　　はないかと思います．例えば，映画公開後，有名な中国人女優，梅婷は

釧路に来て，シャオシャオ（スー・チー）さんが入った温泉ホテルに泊まりました．しかも，写真集も撮影しました．

質問5：映画のヒットに対して，どのような対応を取りましたか．

渡辺：最初は「釧路市湿原展望台」にだけ中国語案内パンフレットがありましたが，今はロケ地にも中国語の案内パンフレットを置いています．

**質問6：観光課の一員としてこれから，中国人観光客に対して，何を期待
していますか．**

渡辺：中国人観光客が多く訪れるようになり，もっと，この東北海道地域をPRしていかなけばいけないと思っております．また，日中の文化・習慣の違いで，よくトラブルがあります．例えば，トイレのマナー，食事の習慣，大声で騒ぐなど．これからは日本人と中国人のお互いの理解が求められると思います．

4-3．網走市および釧路市の調査結果と考察

1）　結果

網走市と釧路での調査によって，次の6点が明らかになった．

① 　中国映画『非誠勿擾』が公開された2009年から，ロケ地になった北海道の道東地区，網走市と釧路市を訪れる中国人観光客が急増している．

② 　網走市においては，2008年までは，韓国からの宿泊者が多かったが，2009年から中国が韓国を上回って，香港，台湾に次いでて3番目になった．2010年も中国人観光客は，増加している．

③ 　釧路市においては，2008年には中国人宿泊者数はまだ2763人であったが，2009年になると，一気に1万人増加し，1万2949人を記録した．2009年から，中国からの宿泊者数は，韓国，香港を上回り，台湾に次いで2番目になっている．

④ 　網走市と釧路市では，映画のヒットを受けて，中国人観光客のためにロケ地に中国語の看板を設置したり，パンフレットを置いたり，いろいろな工夫をしている．

⑤　映画のヒットによって，中国人観光客が増加し，日中間のチャーター便まで出ている．

⑥　東日本大地震の後，観光客が激減し，現在はあまり観光客が来ない状態であるが，ブームは続いている．網走市によれば，いまだに中国の旅行会社からの問い合わせが多く，自治体としては中国人観光客に期待している．

　2)　考察

以上の調査結果からわかることは3点にまとめられる．

　1つ目は，映画『非誠勿擾』が，明らかに北海道観光ブームを誘発したことである．中国においては，空前とも言うべき大ヒットで，これによって，映画公開後，北海道のロケ地観光に行く中国人観光客は急増した．今まで多かった韓国，台湾，香港からの観光客数に，中国人観光客が追いつき追い抜こうとしていることがわかった．

　2つ目は，ロケ地を抱える自治体が泥縄的に案内看板やパンフレットを準備し，中国からの爆発的な観光客に対応しようとしている点である．これは，釧路市の職員が映画にエキストラとして出演したり，網走市がロケに全面的に協力していたこともあって，自治体側にも中国映画を暖かく迎え入れようとする姿勢があったことが背景にある．しかし，同映画がこれほどまでに中国人観光客を誘発するとは自治体側も予想していなかったと見られる．このため，観光案内が場当たりで，いろいろなトラブルが生じたものと推測される．

　3つ目は，東日本大震災後，あまり観光客は来なくなったものの，中国映画『非誠勿擾』の観光ブームはまだまだ持続している可能性があるということ．先行研究によれば，『冬のソナタ』などのメディア誘発型観光は約5年は続くと見られ，中国映画『非誠勿擾』についても，あと数年はブームが持続することが推測される．実際に，自治体には中国の旅行会社からいまだに問い合わせがあり，チャーター便の企画なども継続している．こ

のため，自治体としては，中国人観光客を受け入れるための体制づくりとともに，積極的な宣伝活動が必要であると考えられる．

4-4．中国人観光客に対するインタビュー調査

1)　目的

映画『非誠勿擾』のロケ地を訪れた中国人観光客に対してインタビューを行った．なぜ，『非誠勿擾』のロケ地に来たのか，そして，北海道に対して，どのようなイメージをもっているのか．それらを明らかにすることが目的である．

2)　方法と手続き

実施期間：2010 年 8 月 2 日～ 8 月 5 日

対象：北海道ロケ地に訪れた中国人観光客

インタビュー件数：6 人

3) インタビュー結果

①　ＪＲ北浜駅で中国人観光客 4 人にインタビューした．

インタビュー対象	質問事項	回　答
Aさん，男性，50 代，北京出身，公務員	①映画は見ましたか？ ②映画はどうですか？ ③ロケ地の中で，一番行きたい場所はどこですか？ ④実際にロケ地に来たら，どのように感じましたか？ ⑤北海道はどうですか？ ⑥日本は何回目ですか？ ⑦また日本に来たいと思いますか？	①映画は見ました．今回は『非誠勿擾』ロケ地巡りツアーで会社の同僚，家族と一緒に来ました． ②とても面白かったです． ③キリスト教会と「四姉妹」居酒屋は一番行きたい場所です． ④そんなによいところではないが，やっぱり映画の中では面白いと思います． ⑤北海道はとても自然が豊かで，広いですね． ⑥私は 2 回目だが，妻と娘が初めてです． ⑦7 月からビザが緩和されたので，次は個人旅行で来たい．
	①映画は見ましたか？ ②映画はどうですか？	①映画は見ました． ②まあまあ，中国では大人気だが，

インタビュー対象	質問項目	回　答
Bさん，男性，20代，北京出身，旅行会社社員（中国側の添乗員）	③ロケ地の中で，一番行きたい場所はどこですか？ ④実際にロケ地に来たら，どのように感じましたか？ ⑤北海道はどうですか？ ⑥日本は何回目ですか？ ⑦また日本に来たいと思いますか？	私はそんなに好きではない． ③居酒屋「四姉妹」．あそこは映画の中で，とても面白かった場所です． ④ロケ地は普通ですね．でも，北海道はきれい． ⑤北海道は景色がきれいで，食べ物がおいしいし，特に道民の生活はゆったりで，うらやましい． ⑥このツアーで2回目です． ⑦また来たいです．
Cさん，女性，30代，北京出身，家庭主婦	①映画は見ましたか？ ②映画はどうですか？ ③ロケ地の中で，一番行きたい場所はどこですか？ ④実際にロケ地に来たら，どのように感じましたか？ ⑤北海道はどうですか？ ⑥日本は何回目ですか？ ⑦また日本に来たいと思いますか？	①映画はもちろん見ました． ②映画を観て感動しました．ちょうど子供が夏休みに入ったのでロケ地巡りツアーで来ました． ③温泉旅館です．スー・チーさんが入った温泉に入ってみたいです． ④北海道は景色がきれいと聞いていましたが，映画で見た景色は想像以上に素晴らしかったです． ⑤景色がきれい．今の季節もとても爽やか．こちらの海とかは，北京では見られない景色です．気分転換にもなります． ⑥初めてです． ⑦必ず来ます．
Dさん，女性，40代，北京出身，銀行社員	①映画は見ましたか？ ②映画はどうですか？ ③ロケ地の中で，一番行きたい場所はどこですか？ ④実際にロケ地に来たら，どのように感じましたか？ ⑤北海道はどうですか？ ⑥日本は何回目ですか？ ⑦また日本に来たいと思いますか？	①家族で皆と一緒に見ました． ②面白かったです． ③阿寒湖畔． ④映画のほうが美しく撮られていました．実際はそんなによいところではない．小さいですから． ⑤広いです．ここの商売の人，素朴な人が多い．誠実，人がいいね． ⑥初めてです． ⑦来ます．北京から近いし，休みがあれば，来ます．

②　阿寒湖温泉街で中国人観光客2人へインタビューした．

インタビュー対象	質問項目	回　答
	①映画は見ましたか？ ②映画はどうですか？	①映画は見ました． ②まあまあ，普通です．

E さん，男性，40代，雲南省出身，ビジネスマン	③ロケ地の中で，一番行きたい場所はどこですか？ ④実際にロケ地に来たら，どのように感じましたか？ ⑤北海道はどうですか？ ⑥日本は何回目ですか？ ⑦また日本に来たいと思いますか？	③ドライブシーンで使われた坂道です．最後，ウーさんが歌いながら，ドライブし，いろいろな思いがあって，感動しました． ④すごいですね，中国人観光客がいっぱいです．映画の影響力は魔法のように大きい． ⑤北海道のイメージは昔からあったんですよ．私は昔から，高倉健さんの『遥かなる山の呼び声』や『大脱獄』を見ていたので，北海道はとても印象深い． ⑥2回目です． ⑦来ます．また北海道に来れれば，別のところにいきたい．
F さん，男性，50代，北京，大学教員	①映画は見ましたか？ ②映画はどうですか？ ③ロケ地の中で，一番行きたい場所はどこですか？ ④実際にロケ地に来たら，どのように感じましたか？ ⑤北海道はどうですか？ ⑥日本は何回目ですか？ ⑦また日本に来たいと思いますか？	①映画は見ました． ②面白かったです． ③居酒屋「四姉妹」です． ④とても日本っぽい感じがします．温泉，居酒屋，自然の景色は中国と違います． ⑤夏，北京は暑いので，北海道なら涼しいと思ってきたが，ここも暑いですね．でも，日本料理がおいしいですね． ⑥初めてです． ⑦はい，また来ます．北海道だけではなく，他のところにも行ってみたい．

4） 結果と考察

6人のインタビューから，次の4点がわかった．

① 6人は全て映画を見ていたこと．映画からなんらかのインパクトを受けロケ地への憧れを抱き，北海道観光という行動に移したことがわかった．

② 阿寒湖，居酒屋「四姉妹」などのロケ地は，人気のある観光スポットになっていること．なぜ人気になっているかというと，映画の中では，阿寒湖と居酒屋「四姉妹」は重要なシーンであり，重要な物語がそこで展開されている．そして，阿寒湖と居酒屋「四姉妹」はとても日本的な場所で，そこに観光客が足を運ぶと，実際に日本らしい雰囲気を感じら

れることがわかった．つまり，ロケ地にはストーリーテリングのパワー
があり，観光客はそこで映画の追体験していることがわかった．

③　40，50代の中国人は元々北海道に深いイメージをもっていること．
昔は，高倉健の映画とか，中国で大人気の作家，村上春樹の影響で，事
前に北海道によいイメージをもっていることがわかった．

④　今後，もう一度，個人旅行で日本に来たい人が多いこと．これから，
ビザの緩和とともに，初めて日本に来る観光客は言うまでもなく，リピー
ターとなる旅行者も増加することがわかった．そして，個人旅行がこれ
から大幅に増加する可能性があることがわかった．

5．おわりに（モデル化）

おわりに，映画『非誠勿擾』の事例研究を基にして，メディアが観光を
誘発するメカニズムについて，モデル化を試みる．

ポッター（2001）は著作「メディアリテラシー」の中で，人は現実世界
であるリアルワールドと，メディアが創り出すメディアワールドの中間に
生きていると指摘した．現代社会を生きる我々にとって，メディアの影響
から完全に抜けることは不可能な状況にある．そして，そのメディアワー
ルドの世界において，物語性を帯びた映像コンテンツは強い情動的なイン
パクトを与える．

映画『非誠勿擾』は大ヒットと同時に，中国人視聴者の認知的構造の中
に極めて大きな情動的メディアワールドを構成・構築したと言っても過言
ではないだろう．図5で言えば，これまでリアルワールドの中では，北海
道の景観や食べ物，動物，自然などは地域に帰属する形でばらばらに存在
していた．しかし，この映画を見た中国人視聴者にとっては，その映画の
物語，ストーリーテリングに意味づけられるかたちで，ばらばらの事象が
再組織化されたと考えられる．

図5　メディア誘発による「物語—観光」再組織化モデル

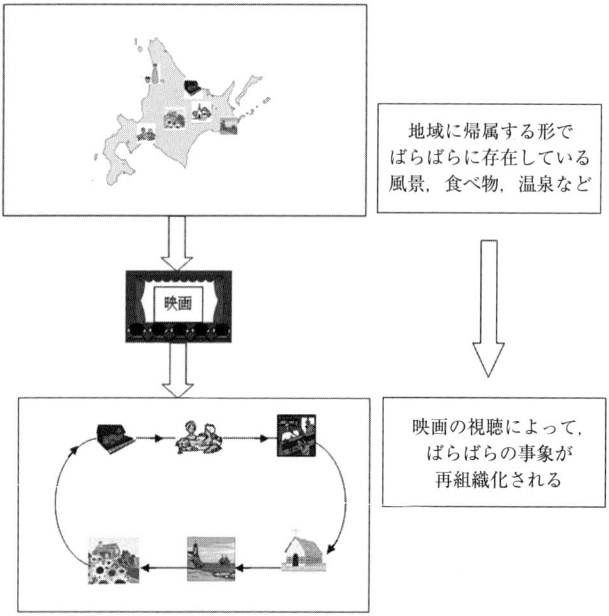

地域に帰属する形で
ばらばらに存在している
風景，食べ物，温泉など

映画

映画の視聴によって，
ばらばらの事象が
再組織化される

　ロケ地自体は，さほど魅力のあるものではない．斜里町の小さな教会は，実際に現地に言ってみると何の変哲もない存在である．阿寒湖畔の居酒屋「四姉妹」（実際は「炉ばた浜っ子」）も，お世辞でもきれいとは言えない普通のどこにでもある居酒屋である．しかし，映画を見た中国人は，この教会や居酒屋「四姉妹」に，特別な感情を抱くのである．そこに行ってみたい，それを見てみたい，それを食べてみたい，と．映画が作り出したメディアワールドの中で，映画のストーリーを追体験するかのように，中国人視聴者たちは観光という行動を起こしたのだろうと考える．

　これは，D. J. ブーアスティンが『幻影の時代』で指摘したとおり，人々は「疑似イベント」を体験したと言えるのかもしれない．

　しかし，中国人観光客のインタビューの中には，実際に映画のイメージでロケ地を訪れてみて，若干がっかりしたというようなコメントも出てき

ている．その一方で，ロケ地で新しく，日本らしい雰囲気，北海道の風景の雄大さ，食べ物の美味しさ，人間の素朴さや誠実さを発見しているのである．これはまさに，D. マッカネルが言う「表舞台だけでなく，舞台裏の発見」ではないだろうか．

　図 5 が示すとおり，映画やドラマによるストーリーテリングは，視聴者に情動的インパクトを与えると同時に，ばらばらに存在していた事象を 1 つのつながりとして再組織化するのだと考える．

　ここで「組織化」ではなく「再組織化」という言葉をつかったことには理由がある．それは，最初にばらばらに存在していた風景や食べ物，動物などは，地域やエリアに帰属する形で組織化されている．それが，映画やドラマによって，地域から自由に解放され，物語の展開の中で意味づけられ，再組織化されてしまったという意味である．

　このモデルを，『メディア誘発による「物語―観光」再組織化モデル』と名づけることで，本章を締めくくりたい．

1)　人民日報，2009 年 1 月 13 日　http://j.people.com.cn/94474/6572766.html
2)　中国青年報，2009 年 11 月 13 日　http://qnck.cyol.com/content/2009-11/13/content_2936203.htm
3)　中国国際放送局，2009 年 4 月 30 日　http://japanese.cri.cn/881/2009/04/30/1s139478.htm
4)　外務省，平成 21 年 6 月 29 日　http://www.mofa.go.jp/mofaj/press/release/21/6/1193428_1100.html
5)　外務省，平成 22 年 5 月 18 日　http://www.mofa.go.jp/mofaj/press/release/22/5/0518_03.html
6)　外務省，平成 23 年 5 月 28 日　http://www.mofa.go.jp/mofaj/press/release/23/5/0528_02.htm
7)　鈴木晃志郎（2010）「メディア誘発型観光現象後の地域振興に向けた地元住民たちの取り組み―飫肥を事例として」『観光科学研究誌』3：31–39 頁.
8)　鈴木晃志郎（2009）「メディア誘発型観光の動向と課題」日本観光研究会全国大会研究発表論文集 24：85–88 頁.
9)　国際交流基金（2003）『クリエイティブ・シティー文化による都市再生―報告書』，186–194 頁.
10)　同上書，1–45 頁.

11)　ダニエル J. ブーアスティン（1964）『幻影の時代』（星野郁美・後藤和彦 / 訳）東京創元社出版，15-29 頁.

12)　MacCannell, D.（1973）「Staged Authenticity: Arrangements of Social Space in Tourist Settings」American Journal of Sociology, 79（3）, pp. 589-603. 遠藤英樹訳（2001）「出演されたオーセンティシティ―観光状況における社会空間の編成」『奈良県立商科大学研究季報』11（3），93-107 頁.

13)　遠藤英樹（2005）「観光という「イメージの織物」―奈良を事例とした考察」，『観光社会学―ツーリズム研究の冒険的試み』，明石書店，96-100 頁.

14)　「ブリコラージュ」とは理論や設計図に基づいて物を作る.

15)　遠藤英樹（2005）「観光という「イメージの織物」―奈良を事例として考察」，須藤廣，遠藤英樹，『観光社会学―ツーリズム研究の冒険的試み』，明石書店出版，94-108 頁.

16)　宮原英種・宮原和子（2001）『観光心理学を愉しむ―観光行動のしくみを解明する』株式会社ナカニシヤ出版，47-55 頁.

17)　高野悦子・山登義明（2004）『冬のソナタから考える―私たちと韓国のあいだ』，岩波書店出版，2-5 頁.

18)　増淵敏之（2010）『物語を旅するひとびと　コンテンツ・ツーリズムとは何か』彩流社出版，75-78 頁.

19)　第一生命研究所，2004 年 12 月 10 日により，http://www.shikoku-np.co.jp/national/economy/article.aspx?id=20041210000395

20)　増淵敏之（2010）『物語を旅するひとびと　コンテンツ・ツーリズムとは何か』彩流社出版，79-81 頁.

21)　高野悦子・山登義明（2004）『冬のソナタから考える―私たちと韓国のあいだ』，岩波書店出版，2-5 頁.

22)　遠藤英樹（2004）「観光空間・知覚・メディアをめぐる―新たな社会理論への転回」，遠藤英樹，堀野正人，『「観光のまなざし」の転回―越境する観光学』，春風社出版，87-94 頁.

23)　増淵敏之（2010）『物語を旅するひとびと　コンテンツ・ツーリズムとは何か』彩流社出版，85-88 頁.

24)　毛利嘉孝（2004）『日式韓流』，せりか書房，71-72 頁.

25)　内海達志（2001）『狙った恋の落とし方―オフィシャルガイドブック』くま文庫出版，48-52 頁.

26)　内海達志（2001）『狙った恋の落とし方―オフィシャルガイドブック』くま文庫出版，112-119 頁.

27)　北海道観光入込客数調査の概要，2009 年　http://www.pref.hokkaido.lg.jp/kz/kkd/grp/03/gaiyou220728.pdf

参 考 文 献

＜日本語＞

石田佐恵子・木村幹・山中千恵（2007）『ポスト韓流のメディア社会学』，ミネルヴァ
　書房

井手口彰典（2009）「萌える地域振興の行方」『地域総合研究誌』37(1)：57-69

内海達志（2010）『狙った恋の落とし方─オフィシャルガイドブック』くま文庫

遠藤英樹・堀野正人（2004）『「観光のまなざし」の転回─越境する観光学』春風
　社

岡本信之（2001）『観光入門』有斐閣

櫻坂英子（2008）「韓流と韓国・韓国人イメージ」，『駿河台大学論叢』第36号，
　29-30頁

大矢野栄次（1999）『観光とコンベンション』同文館

香川眞（1996）『現代観光研究』嵯峨野書院

国松博・鈴木勝（2006）『観光大国　中国の未来』同友館

黄盛彬（2007）「韓流の底力，その言説」，『ポスト韓流のメディア社会学』，ミネ
　ルヴァ書房

佐々木土師二（2007）『観光旅行の心理学』北大路書房

鈴木茂・奥村武久（2007）『「観光立国」と地域観光政策』晃洋書房

鈴木晃志郎（2009）「メディア誘発型観光の研究動向と課題」日本観光研究学会
　全国大会研究発表論文集24：85-88頁

鈴木晃志郎（2010）「メディア誘発型観光現象後の地域振興に向けた地元住民た
　ちの取り組み─飫肥を事例として」『観光科学研究誌』3：31-39

須藤廣・遠藤英樹（2005）『観光社会学─ツーリズム研究の冒険的試み』明石書
　店

土佐昌樹（2005）「韓流はアジアの地平に向かって流れる」，『越境するポピュラー
　文化と〈想像のアジア〉』，めこん出版社，199-277頁

土佐昌樹・青柳寛（2005）『越境するポピュラー文化と〈想像のアジア〉』めこん
　出版社

内藤嘉昭（1996）『観光と現代』近代文芸社

平田由紀江（2007）「韓国を消費する女性とその表象をめぐって」『ポスト韓流の
　メディア社会学』，ミネルヴァ書房，33-54頁

深見聡（2009）「大河ドラマ『篤姫』効果にみる観光形態への一考察」『地域環境
　研究』1：57-64頁

前田勇（2010）『現代観光総論』学文社

前田勇（2003）『21世紀の観光学』学文社

増淵敏之（2010）『物語を旅するひとびと　コンテンツ・ツーリズムとは何か』
　彩流社

木村めぐみ（2010）「フィルムツーリズムからロケーションツーリズムへ」『メディ

アと社会』2：113-128 頁

前原正美（2008）「メディア産業と観光産業―大河ドラマと観光ビジネス」東洋学園大学紀要 16：131-150 頁

毛利嘉孝（2004）『日式韓流』せりか書房

山上徹（2010）『観光立国へのアプローチ』山党書店

山上徹（2005）『現代観光・にぎわい文化論』白桃書房

山下晋司（2011）『観光学キーワード』有斐閣

山村高淑（2008）「観光情報革命のツーリズム（その 1）」『北海道大学文化資源マネジメント論集』1：1-10 頁

吉田春生（2010）『新しい観光の時代』原書房

B. グッドール［著］G. アッシュワース［著］　山上徹［訳］（1989）『観光リゾートのマーケティング』白桃書房

＜中国語＞

王文亮，2001，『中国観光業詳説』，日本僑胞社出版

于 文，2010，「われはゆく北海道へ映画「非誠勿擾」が呼んだ観光ブーム」，人民中国（682），人民中国雑誌社，pp. 52-55

『中国旅遊年鑑』（2010）中国旅遊出版社

＜英語＞

Beeton, S.（2005）Film-induced tourism, Channel View Publications

Connell, J.（2005）Toddlers, tourism and Tobermory, Tourism Management 26: pp. 763-776

Connell, J. and Meyer,D.（2009）Balamory revisited, Tourism Management 30: pp. 194-207

John Urry（1990）The Tourist Gaze: Leisure and Travel in Contemporary Societies, Sage Pubns（加太宏［訳］(1995)『観光のまなざし』法政大学出版局）

Riley,R. and Van Doren, C.S.（1992）Movies as tourism promotion, Tourism Management 13（3）: pp. 267-274

Potter, J.（2001）Media Literacy, Sage Pubns

参考サイト

北京週刊日本語版，映画映画『非誠勿擾』のブームで北海道が中国人観光客から注目　http://japanese.beijingreview.com.cn/yzds/txt/2009-02/01/content_176542.htm

映画『狙った恋の落とし方』公式サイト，http://nerakoi.com/

人民網日本語版，旧正月，日本の「中国人観光客争奪戦」過熱　http://j.people.com.cn/94475/7292483.html

第6章

日本におけるインバウンド観光の拡大について
——中国・韓国・台湾の訪日観光客の消費特性について——

陳　雪　瑞

は じ め に

　国際観光，インバウンド観光は，一国経済或いは地域経済に大きな影響を与えていることが世界的に認識されている．UNWTO（世界観光機関）によると，2013年の世界全体の国際観光客数は10億8700万人を記録し，2020年の国際観光客数は13.6億人に達する見込みである．また，WTTC（世界旅行ツーリズム協会）によると，2023年の観光GDPは，世界のGDP全体の約10.0%にあたる10.5兆ドルになると予測されている．これらの動向や予測を踏まえると，観光は世界にとって経済成長のための一層重要な産業となっていくものと期待される．

　一方，日本の観光市場を見てみると，2012年の外国人旅行者受け入れ数は，836万人であり，世界で33位，アジアで8位に過ぎなかったが，2013年の外国人旅行者受け入れ数は1036万人（前年比24.0%増）に達した．しかし，観光先進国であるフランス（2012年の外国人受入数が8302万人，世界第1位）と比べれば，まだ遥かに少ないことが明らかである．また，2010年の国際観光収入を比較しても，日本は世界で19位，アジアで8位と低位に甘んじている．それゆえ，観光産業の成長ポテンシャルが重視されつつある．特に，他の先進国と比べかなり遅れているインバウンド国際

観光の発展は大きく期待されている．政府の観光立国戦略の本格的推進に伴い，各地方自治体も，外国人観光客の誘致を重要な地域振興策の柱のひとつとして重視しつつある．

日本は人口減少期を迎えている．今後，さらなる人口減少と少子高齢化が進展する中，国内市場は縮小していくことが見込まれる．そのような状況にあって日本経済を活性化させるためには，海外需要，特に，今後大きな成長が予想されているアジアをはじめとする新興国の需要を取り込むことが重要である．

近年，アジアは急激な経済成長を遂げてきた．特に中国，韓国，台湾，香港をはじめとする東アジアの成長には目を見張るものがある．豊かになったアジアの人々が，国内旅行だけではなく，国際旅行が盛んになりつつある．かつての日本がそうであったように，各国の法令上の出国規制緩和，外貨持ち出し金額の緩和などにより，ついに巨大な国際旅行市場が生まれたのである．その中，訪日外国人旅行者数は，韓国，中国，台湾，香港で約65％を占めている．訪日韓国，中国，台湾の観光市場は日本のインバウンドツーリズムの市場の拡大においては欠かせないものである．しかし，訪日外国人の受け入れ体制や整備などは不十分で，まだ多くの課題が存在していると思われる．

そこで，本章は，訪日韓国，中国，台湾の観光市場を比較し，それぞれの特徴を明らかにし，日本のインバウンドツーリズム戦略において，この3ヶ国・地域の訪日観光客の誘致の課題を提起し，提言を行いたい．

1．国際観光の市場

1960年から70年代にかけた，ジャンボジェット機の就航による大量輸送時代の到来や所得水準の向上による国際観光客数が増加した．国際連合が1967年を「国際観光年」と定めた．観光分野における国際機関として

WTO（世界観光機関）[1]が発足した．当時の国際観光客の目的地の大半は北米と西ヨーロッパであり，両地域で世界の国際観光客到着数の9割以上を占めていた．

1980年代には，アジアの新興国が経済成長を遂げたことを背景に，国際観光客数が増加した．その中，台湾の観光旅行の自由化や韓国の渡航制限の緩和などにより地域内の国際観光が活性化したこともあり，国際観光客到着数が増加した．さらに，1980年代前半から中国において渡航制限の緩和が段階的に進められてきたことなどもあり，2002年にはアジア太平洋地域の国際観光客到着数は初めて米州を上回った．

世界規模の危機事象の発生した時期，例えば，1991年の湾岸戦争，2001年の米国同時多発テロ事件の発生，2003年のイラク戦争とSARS，2009年の世界同時金融危機と新型インフルエンザなどがあって，国際観光客数の伸びが一時的に鈍化した時期もあったが，長い期間で見ると，世界の国際観光客数は，一貫して増加傾向にあったと言える．

盛山正仁によると，2009年の国際観光到着客数は8億8047万人であり，うち，日本が679万人，世界第1位のフランス7420万人，世界第4位（アジアで第1位）の中国の5086万人と比べて少ない．また，2009年の国際観光収入8522億ドルのうち，米国939億ドル，スペイン532億ドル，フランス494億ドルに比べて日本は格段に小さい103億ドルとなっている（盛山 2011：191）．

2011年の各国・地域の外国人旅行者受け入れ数を比較すると，2010年と比べ上位10ヶ国に順位の変動はなく，フランスが7950万人と引き続き首位，米国が6233万人で2位，中国が5758万人で3位であった．日本は，東大震災の影響を受けて訪日外国人旅行者数が2010年の861万人から622万人まで大きく減少したことにより，外国人旅行者受け入れ数は世界で39位（アジアで10位）となっている．

世界の観光市場は拡大しており，UNWTOによると，2013年の世界全体の国際観光客数は10億8700万人に達し，2020年には13.6億人に達す

る見込みである。WTTC によると，2012 年の観光 GDP は，世界の GDP 全体の約 9.3％にあたる 6.6 兆ドルであるが，2023 年の観光 GDP は，世界の GDP 全体の約 10.0％にあたる 10.5 兆ドルになると予測されている。

　地域別に見ると，2013 年の国際観光客受け入れ数のシェアは，欧州が過半数を占めているが，徐々に減少している。米州は 2003 年に 19％であったが，2013 年には 16％になり減少している。それに対して，アジア太平洋はシェアが順調に伸びてきており，2003 年に 17％であったが 2013 年は 23％まで拡大し，欧州に次ぐ規模となっている（日本総理府 2014：1）。

　2012 年の国際観光収入のシェアは，アジア太平洋地域は 30.0％で，欧州の 42.5％に次ぐ規模となっている。2012 年の国際観光支出については，中国が約 1020 億米ドルで，ドイツ（約 838 億米ドル），米国（約 837 億米ドル）を抜き，初めて首位になった。なお，日本は約 279 億米ドルで第 8 位（日本総理府 2013：1-5）である。

　これらの動向や予測を踏まえると，観光は世界にとって経済成長のための一層重要な産業となっていくものと期待される。また，著しい成長を見せているアジア太平洋の潜在的な観光市場は国際観光市場の伸びに寄与していると考えられる。

2．日本の観光市場

2-1．日本人の海外旅行状況と外国人の訪日観光旅行状況

　戦後，日本の国際観光振興は，国際収支の改善および外国との経済文化の交流を目的とした外国人旅行者の来訪の促進が第 1 の政策目標に掲げられ，欧米を中心に外国人旅行者の誘致が始まった。他方，日本人の海外旅行は，外貨不足に対応するため制限的な措置がとられたが，国際社会に復帰し，その国際的な活動が増大するに伴い，日本人の海外旅行者数も徐々に増加した。外貨持ち出し制限付きながら，1964 年には観光目的の海外

渡航が自由化された．その後，海外ビジネスの増加に加え，国民生活における余暇の増大，ジャンボジェット機の就航，手軽に利用できるパッケージ旅行の普及などから，海外旅行がブームとなった．

さらに，円高の進行や石油危機の影響で，国際観光は順調に拡大し，1985 年には，日本人の海外旅行者数は 495 万人，訪日外国人旅行者数は 233 万人と，それぞれ過去最高を記録した．こうした中，日本の大幅な貿易黒字に起因する欧米との間の貿易摩擦を背景として，従来の訪日外国人旅行者を誘致する政策に加え，日本人の海外旅行を促進するための政策が新たに展開されるようになった．このため，1987 年に「海外旅行倍増計画（テン・ミリオン計画)」[2] が作成され，この目標は 1990 年に達成された．他方，訪日外国人旅行者数は，円高による負の影響を受けながらも，総じて見れば増加傾向を維持したが，日本人の海外旅行者数との不均衡が拡大していった．このアンバランスを改善するため，訪日外国人旅行者の誘致に政策の軸足を戻していく動きが見られ，1991 年，双方向の観光交流の一層の拡大を目的とした「観光交流拡大計画（Two Way Tourism 21)」が策定された．しかしながら，日本人の海外旅行者数と訪日外国人旅行者数の乖離は拡大し続け，1995 年には，日本人の海外旅行者数は 1530 万人に達したのに対し，訪日外国人旅行者数は 335 万人にとどまった．そのため，訪日外国人旅行者の誘致に政策の軸足がさらに移された．2003 年小泉総理大臣（当時）が観光の振興に国を挙げて取り組み，2010 年までに訪日外国旅行者数を 1000 万人にすることを目標とした．外国人旅行者の訪日を促進するための重要な施策として位置づけられたのが 2003 年より始まったビジット・ジャパン事業（VJ)[3] である．

VJ 開始後の訪日外国人旅行者数の推移を見ると，2003 年は，イラク戦争や SARS の影響を受け，前年を下回るという厳しいスタートとなったものの，日韓ワールドカップサッカー大会が開催されたことも追い風となり，過去最高（当時）を記録した 2002 年に匹敵する水準となった．その後，2005 年の中国における対日感情の悪化，2008 年の世界的金融危機による

景気後退や円高の急進の影響などを受けつつも，毎年過去最高を更新し続け，順調に増加していった．しかし，2009年には，前年から続く世界的な景気後退や円高の継続に加え，新型インフルエンザの感染拡大の影響もあり，VJ開始後初めて前年を大きく下回る結果となった．2010年は，その反動により大きく回復したが，2011年は，東日本大震災から，再び前年を大きく下回る結果となったが，2012年の訪日外国人旅行者数は837万人となり，ほぼ震災前の水準に回復したと言える．2012年の日本人の海外旅行者数は1849万人となり，過去最高を記録した．

　さらに，日本の近隣諸国である東アジア，ASEANの堅調な経済成長と2012年末以降の円安方向への推移により，訪日旅行に割安感が生じ，2013年における訪日外国人旅行者が急増して1036万人となり，初めて年間1000万人を突破した．それに対し，日本人の海外旅行者数は1747万人（前年比5.5％減）と減少した．昨年の日中・日韓関係の影響や円安方向の動きにより海外旅行から国内旅行にシフトする動きが出てきたことが主な原因と考えられる．したがって，日本人の海外旅行者数と訪日外国人旅行者数のアンバランスの改善をはかったが（図1），観光先進国のフランスと比

図1　訪日外国人旅行者数および日本人海外旅行者数の推移

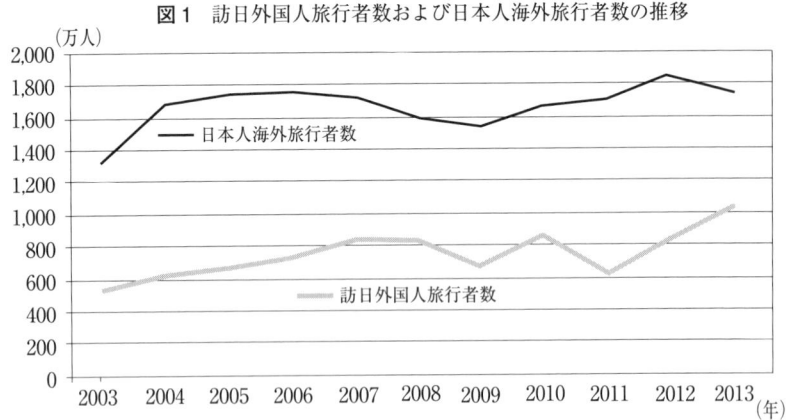

注：観光庁より著者作成．
出所：観光庁（http://www.mlit.go.jp/kankocho/siryou/toukei/in_out.html　2013年10月18日閲覧）．

べれば，国際観光客の受け入れ数はまだ遥かに少ないのである．

　2013年6月閣議決定「日本再興戦略 ― JAPAN is BACK ―」の戦略市場プランによると，2020年オリンピック・パラリンピック開催地が東京に決定したことは，開催期間の訪日外国人関連需要にとどまらず，その後の訪日観光需要拡大につながることが期待されよう．さらに，2030年には3000万人を超えることを目指す．これにより観光収入でアジアのトップクラス入りをする．

2‒2．観光の経済効果

　観光は人々の移動と目的地での滞在を内容とするためにその影響は幅広い分野に及ぶ．観光客の消費は，観光地の地域産業に高い経済波及効果をもたらし，さらに，地域の人々の生活形態にも様々なかたちで影響をあたえる．また，観光産業の発展によって新しい雇用を創出しており，雇用の増大は新たな消費活動を生み出すという相乗効果を生じている．

　安達清治（2002年）によると，国際観光による国際観光収入の増加は，外貨獲得率が高く，国際収支に貢献している．一般的に生産品の輸出の場合の外貨獲得率は，原材料費，流通費，税金，宣伝費などを必要としているために，1000ドルの経費に対し10〜20％にあたる100〜200ドルの外貨獲得率となる．これに対して観光客による外貨獲得率は，宣伝費が主なものであり，観光客の直接消費により70〜80％の外貨獲得率となる．中国では観光産業が“煙のたたない産業”と呼ばれる理由がここにあると思われる（安達 2002：8）．

　観光庁によれば，2012年日本国内における旅行消費額は22.5兆円，旅行消費から生み出される間接的な効果を含めた経済効果は，生産波及効果は46.7兆円（国内生産額の5.2%），付加価値誘発効果が23.8兆円（国内総生産（名目GDP）の5.0%），雇用誘発効果が397万人（全就業者数の6.2%）で，税収効果4.1兆円（国税と地方税の5.0%），と推計されており，観光は経済的な波及効果の高い産業と言えよう．

2-3. 日本の観光市場の可能性

　盛山によると，日本の観光の特色については，外国人旅行者の訪日動機の中で日本の食事，ショッピング，温泉，文化，歴史が高くなっている．これは欧米とも中国，韓国とも異なる日本の独自の文化，芸術，伝統，食文化を生み出してきている点が高く評価されているからに他ならない．文化や芸術，食事は観光の大きな要素である．電気製品等のショッピングと併せて日本の大きな強みとなっている．

　世界経済フォーラムの報告書によると，日本の環境・衛生，感染症，交通インフラ，宿泊設備，IT／通信，サービスレベルなどの受け入れ体制が評価されている．また，ホスピタリティ，洗練された消費・行動，高度な技術・開発能力も日本の潜在的競争力として評価されている．日本の衛生状態の良さ，安全性，鉄道網の整備，高度な IT 技術，お客様への対応ぶりなどは国際的に見てトップの水準にあり，これが外国人に高く評価されるようになっている（盛山 2011：191）．

　これらを考慮すると，フランスやスペインのように国内人口を上回る外国人旅行者を迎えられるかはともかく，今後の日本の観光産業全体が大きく伸びることを十分に期待できると思われる．

3．韓国・中国・台湾の訪日旅行の市場

3-1. 韓国・中国・台湾の訪日観光旅行の現状

　2012 年韓国の訪日観光旅行は，放射能に係わる風評被害や円高の影響で訪日旅行者数の回復が遅れていたものの，LCC 参入による航空運賃の低下や風評被害対策事業の継続，円高・ウォン安の緩和などの効果もあり，11 月以降は急速に回復した．年間の訪日旅行者数は 204 万人（前年比23.3％増・暫定値）となり，年間 200 万人台を確保して 14 年連続で国・地域別の訪日外国人旅行者数の首位を維持した．2013 年韓国の訪日観光旅

行社数は 246 万人（前年比 20.2％増）となった.

　また，2012 年が日中国交正常化 40 周年に当たっていた中国については，多くの旅行者の訪日が期待され，8 月までは堅調な伸びを見せたが，9 月の政府による尖閣諸島三島の取得・保有以降，団体客を中心に訪日旅行者数は大きく減少した. しかしながら，訪日観光ビザの発給要件緩和やクルーズ需要の増加などにより，年間訪日旅行者数は，これまでの過去最高であった 141 万人（2010 年）を上回り，143 万人（前年比 37.1％増・暫定値）と過去最高を更新した. しかし，2013 年尖閣諸島の問題で，訪日旅行者数は再び減少して 131 万人（前年比 7.8 減）となった.

　台湾については，2012 年の訪日旅行者数はこれまでの過去最高であった 139 万人（2008 年）を上回り，147 万人（前年比 47.6％増・暫定値）と過去最高を更新し，中国を抜いて国・地域別の訪日外国人旅行者数第 2 位に浮上した. これは，訪日プロモーション活動の効果とあいまって，オープンスカイによる航空座席供給量の増加，LCC 就航に伴う個人旅行の増加などが要因と考えられる. さらに円安の影響もあって，2013 年の訪日旅行者数は 221 万人（前年比 50.8％増）と大幅に増加した.

3-2．2013 年韓国・中国・台湾の訪日旅行者の消費動向と特徴

　『訪日外国人の消費動向　平成 25 年年次報告書』のデータを基に筆者が 2013 年韓国・中国・台湾の訪日旅行者の消費動向と特徴をまとめて比較してみた. それは下記のとおりである.

　パッケージツアー参加費に含まれる国内収入分を加えて，2013 年の訪日外国人旅行消費額を推計すると，総額で 1 兆 4167 億円となった. 2012 年の 1 兆 846 億円に比べ 30.6％増加している.

　2013 年の訪日外国人旅行消費額を国籍別に見ると，①中国 2759 億円，②台湾 2475 億円，③韓国 1978 億円の順となっている. 1 人当たり旅行消費額は，韓国が 8 万 529 円，中国が 20 万 9898 円，台湾が 11 万 1956 円である.

　訪日外国人旅行消費額を費目別に見ると，宿泊料金が33.6％，買物代が32.7％，飲食費が20.5％を占める．訪日外国人の日本国内での旅行中支出額は1人当たり平均13万6693円と推計される．前年（2012年）の12万9763円に比べ5.3％増加した．

　2013年における訪日外国人の属性から見ると，性別の構成比は，男性56.4％，女性43.6％である．国籍別では，韓国で男性の割合が高く，約6割を占める．中国で男・女の割合がわずかな差である．台湾で女性の割合が高く，過半数を占める．

　2013年訪日外国人旅行者の日本への再来希望者は9割強，「必ず来たい」の割合が56.5％となった．主な国籍別に見ると，韓国が33.4％，中国（49.1％）と台湾（62.1％）が高い割合を占めている．このデータから見ると，訪日外国人旅行者は日本に対する良いイメージを抱いていることがわかる．

　また，日本への来訪回数では，「1回目」が全体の39.8％，「2回目」が18.4％を占める．「3回目」が11.4％，「4回目」が19.1％，「10回目以上」が11.2％を占める．国籍別では，中国で「1回目」の割合が6割を超える．台湾，韓国では「1回目」の割合がおよそ3割と低いが2回目以上の割合が高い（図2）．このデータから見ると，日本の観光市場においてリピーター

図2　訪日回数の割合

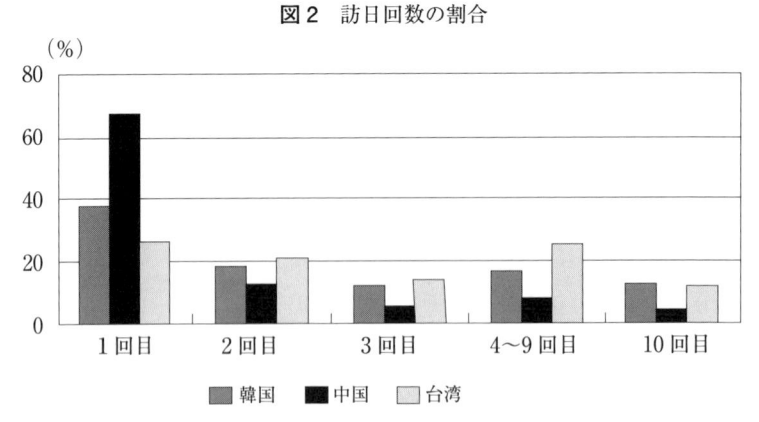

出所：『訪日外国人の消費動向　平成25年年次報告書』より筆者作成．

客の市場が潜在していることがわかる．今後訪日旅行客のリピーター市場を発掘することが日本のインバウンドツーリズムの市場の重要な課題であると考えられる．

　旅行形態では，「団体ツアーでの来訪」が38.4%を占める．国籍別では，台湾と中国で「団体ツアーでの来訪」がおよそ5割と高い（図3）．それに対して，韓国は個人旅行が7割強であり，中国と台湾との違いは明らかである．このデータから見ると，訪日旅行客のニーズが多様化であることがわかる．

　この3ヶ国・地域の訪日外国人の滞在日数を見ると，韓国では約4割が「3日間以内」の滞在である．台湾，中国では「4〜6日間」の割合が特に高い（図4）．このデータから見ると，韓国は短期滞在が主流で，これに対して，中国と台湾は4〜6日間滞在が主流であることがわかる．

　同行者を見ると，韓国，中国，台湾ともに「家族・親族」の割合が高い傾向にある．これは，アジアでは家族の絆が強いという文化に関係すると考えられる（図5）．

　訪日旅行者の旅行支出額から見ると，買物代は，中国でその割合が高い，旅行支出総額のおよそ5割を占める．台湾でも4割超と高い．韓国は比較

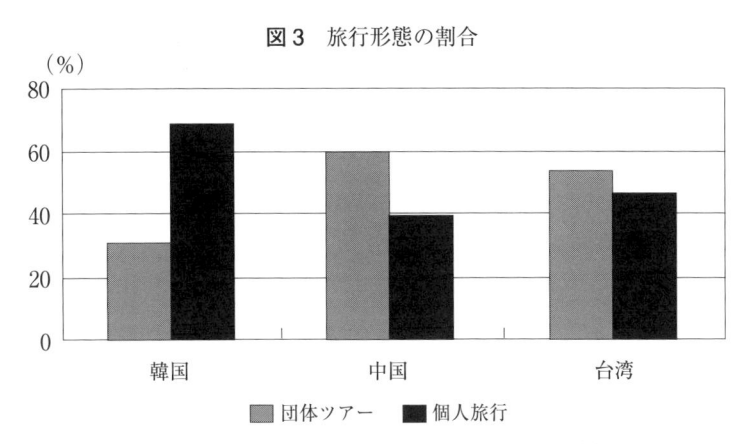

図3　旅行形態の割合

出所：『訪日外国人の消費動向　平成25年年次報告書』より筆者作成．

172

的低い（図6）．このデータから，この3ヶ国・地域の訪日旅行者の違いが見て取れる．訪日中国人旅行者の大きな特徴は，買物中心であることがわかる．また，その理由は，日本製品に対する信頼感があることだけではなく，中国人は親戚や職場の同僚にお土産を配る文化があることにも大きな関係があると考えられる．

国籍別に，最も満足した購入商品の比率を見ると，韓国では「菓子類」が23.4％，台湾では「菓子類」が21.8％，中国では「ファッション雑貨」の割合が高い（17.2％）．また，韓国では「衣類」（10.1％），と「ファッション雑貨」（9.9％）も人気商品である．台湾では，「衣類」（13.3％）と「医薬

図4　滞在日数の割合

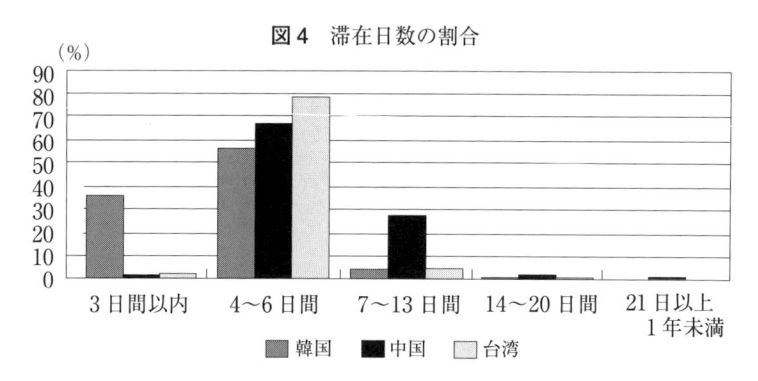

出所：『訪日外国人の消費動向　平成25年年次報告書』より筆者作成．

図5　同行者別比率

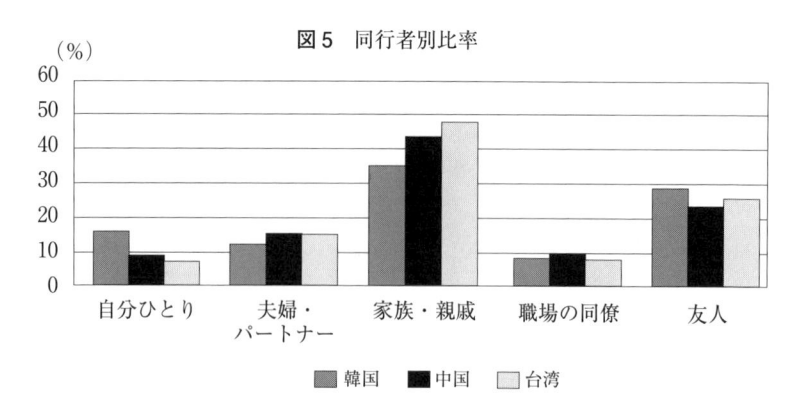

出所：『訪日外国人の消費動向　平成25年年次報告書』より筆者作成．

品・健康グッズ」（11.6％）も人気商品である．それに対し，中国は「化粧品」，「電気製品」や「カメラ」の割合が他の国籍に比べて高い（図7）．このデータから見ると，韓国と台湾の訪日旅行者は「菓子類」「衣類」に関心が高いことに対して，中国の訪日旅行者は「化粧品」や「ファッション雑貨」，「電気製品」や「カメラ」に関心が高いことがわかる．これは，日本製品に対する信頼感と，近年，生活が豊かになるにつれて中国人の女性は美容やファッションに対する関心が高まったことに関係すると考えられる．

　滞在中にあると便利な情報については，訪日旅行者の間にも相違がある

図6　旅行支出の割合

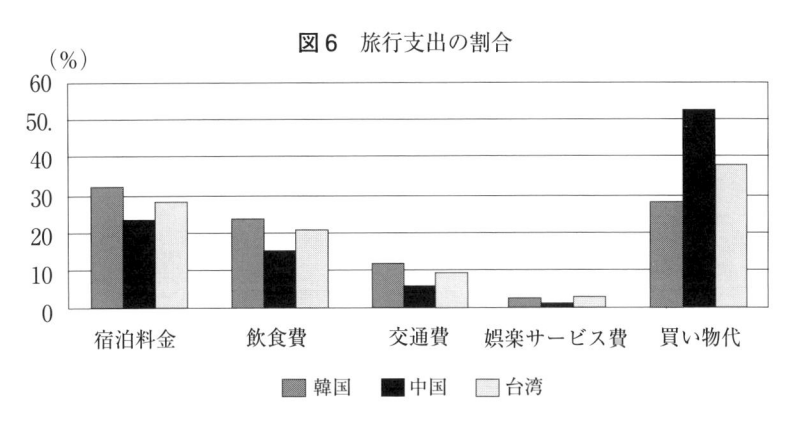

出所：『訪日外国人の消費動向　平成25年年次報告書』より筆者作成．

図7　満足した購入商品の比率

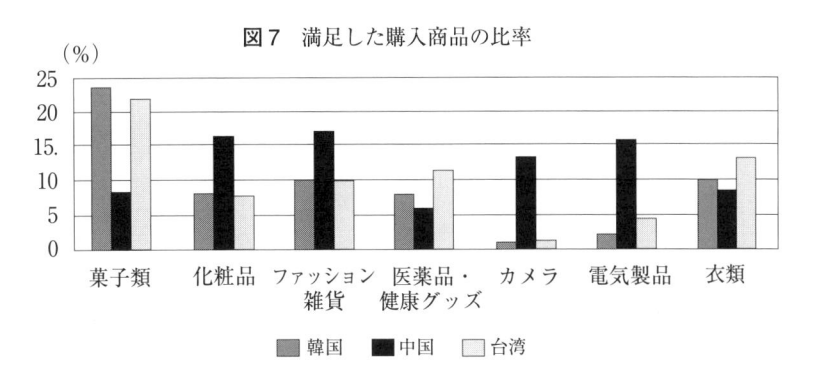

出所：『訪日外国人の消費動向　平成25年年次報告書』より筆者作成．

図8　日本滞在中にあると便利な情報の割合

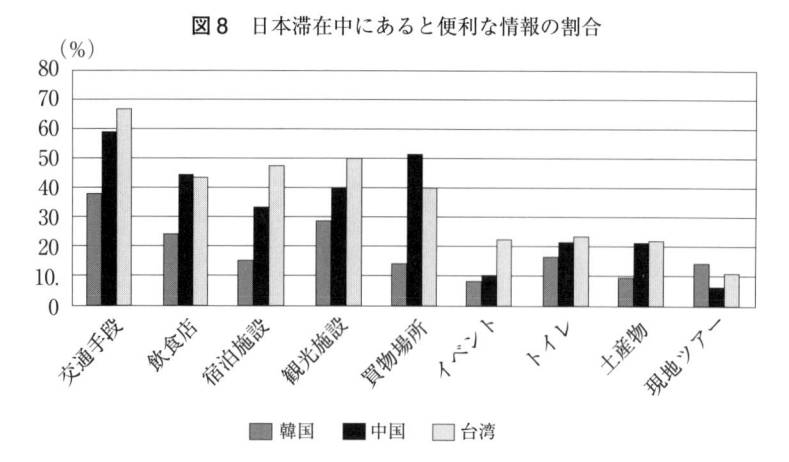

出所：『訪日外国人の消費動向　平成25年年次報告書』より筆者作成.

ことがわかった．多くの国籍の旅行者が「交通手段」の情報を求めている
ことがわかる．今後もっと数多く，わかりやすい「交通手段」の情報の提
供が重要な課題であると考えられる．また，「宿泊施設」情報は台湾でのニー
ズが高い．「観光施設」は台湾，「買物場所」や「トイレ」「土産品」のニー
ズは台湾や中国が高く，「現地ツアー」は韓国のニーズが高い（図8）．こ
れは，韓国，中国，台湾の訪日旅行者の旅行形態の違いに関係すると考え
られる．

3-3．考　　察

　以上のデータ分析を通して，訪日旅行者の消費動向と特徴についての考
察は以下のとおりである．

　訪日旅行客では，韓国と台湾は約7割とリピーター割合が高いことに対
し，中国は初訪日者が6割強で，調査国籍の中で最も高い．これはかつて
より海外旅行者数が増えたことと，台湾，韓国は中国と異なり早い段階で
のビザ免除の影響がリピーターの多い理由と考えられる．

　また，韓国は短期滞在が主流で，滞在期間については観光客の4割が3
日間以内である．これに対して，中国は4～6日間滞在が主流である．旅

行形態から見ると，韓国は団体ツアー比率がわずか 3 割であるが，中国と台湾は団体ツアー比率が 5 割強と高い．中国の訪日旅行はまだ団体ツアーが中心であることがわかる．大半の中国人は自由に日本に旅行に来たい．そして，自由に日本で買い物をしたいのだが，日本旅行のビザ申請が厳しく，現状ではツアーに参加する以外，自由自在に日本に旅行に来ることができる人はまだまだ少ない．それゆえ，訪日外国人を増加させるには，さらなるビザ緩和が求められると考えられる．一方，日本旅行が比較的自由である台湾では，団体ツアーの比率も高いことは，台湾旅行者の訪日旅行では団体ツアーを好む傾向があると考えられる．人気の土産については，韓国と台湾ともに「菓子類」と「衣類」が高い比率を占めているが，中国は「ファッション雑貨」と「化粧品」である．これは，中国人の訪日旅行者では女性の割合が高いことに関係すると思われる．近年，生活が豊かになるにつれて中国人の女性はファッションや美容に対する関心が高まったことにも関係すると考えられる．また，台湾は「医薬品・健康グッズ」，中国は「電気製品」や「カメラ」を好む傾向があることから，日本製品に対する信頼感を感じ取る．

同行者を見ると，韓国，中国，台湾ともに「家族・親族」の割合が高い傾向にある．これは，アジアでは家族の絆が強いという文化に関係すると考えられる．

買物代は，中国でその割合が高い．旅行支出総額のおよそ 5 割を占める．台湾でも 3 割超と高い．支出額で見ると，買物代は中国が最も高い．このことから，訪日中国の旅行者にとって，日本商品の品質がよいイメージがあることを見て取れる．また，その理由は，日本製品に対する信頼感があることだけではなく，中国人は親戚や職場の同僚にお土産を配る文化があることに関係があると考えられる．

滞在中にあると便利な情報については，多くの国籍の旅行者が「交通手段」の情報を求めているため，わかりやすい「交通手段」の情報の提供が重要な課題であると考えられる．また，「宿泊施設」と「観光施設」は台

湾,「買物場所」や「トイレ」「土産品」は台湾や中国が高く,「現地ツアー」は韓国のニーズが高い．これは,韓国では個人旅行の割合が高い,中国と台湾では団体旅行の割合が高いことに関係すると考えられる．旅行形態の違いにより,滞在中に求める情報が異なることが明らかである．

　訪日旅行市場の分析を通して,韓国・中国・台湾の訪日旅行者のニーズが多様であることがわかる．今後,日本のインバウンドツーリズムの拡大において,韓国・中国・台湾の異文化を理解し,それぞれの特徴に応じて,もっと適切で多くの情報を発信すべきだと思われる．

お わ り に

　製造業の海外へのシフト,日本国内の空洞化,一層の少子高齢化が進む日本では,地域の振興を図るためにも,観光がこれからの日本の大事な役割を担う．観光交流人口の拡大により,日本が再生し,観光がこれからの日本経済の起爆剤と考えられる．また,日本の旅行消費は,旅行・観光関連産業への直接的な経済効果をもたらすと共に,旅行・観光関連産業の雇用者による家計消費への刺激により,国内の幅広い産業へ生産波及効果をもたらす．それゆえ,近年の日本において,観光産業の成長ポテンシャルが重視されつつある．特に,他の先進国と比べかなり遅れているインバウンド国際観光の発展は大きく期待されている．政府の観光立国戦略の本格的推進に伴い,各地方自治体も,外国人観光客の誘致を重要な地域振興策の柱のひとつとして重視しつつある．このような背景の下で,これからの観光は人口減少する日本人を対象とするだけでは限界があり,韓国,中国,台湾などのアジアの新興国からの旅行者を対象にする観光への転換が求められている．また,外国との良好な外交関係を結ぶことが日本の存立にとって不可欠であり,海外への発信,日本への受け入れについて,観光をソフトパワー,スマートパワーの重要分野として取り組みの強化に努めること

が必要である.

　本研究では，今後の訪日外国人旅行者増加に向けて，増加が期待できるアジアの観光市場に着目し，韓国，中国，台湾の訪日旅行の特徴および違いを明らかにした．アジア市場に対して日本観光の魅力を高める必要があると考えられる．したがって，日本のインバウンドツーリズムの拡大について課題を探り，いくつかの提言を行いたい．それを3点にまとめて以下に記すこととしたい.

　第1に，訪日観光ビザの緩和である．そもそも観光客の入国が認められなければ，観光誘致は成り立たない．中でも早急な解決が求められる課題は中国人旅行者へのビザである．豊かになった中国には観光市場の潜在力が大きいと考えられる．ビザの緩和により，中国は韓国や台湾のように訪日観光が多様化になることが予想される.

　第2に，リピーター客の確保と独自性の高い「観光商品」の開発である．アジアは日本と地理的に近く，それだけに観光行動の生起に関する経済条件および時間条件が整いやすく，リピータ客を日本旅行に誘うための有利な条件であると考えられる．訪日回数が増えると旅行の目的は多様化になると考えられる．したがって，観光客のニーズに応じ，さらに日本観光の魅力を引き起こす独自性の高い「観光商品」の開発に積極的に取り組む必要があると思われる.

　第3に，両国の観光行政機関の協力である．国際観光は国際間の交流であるため，その円滑な発展には，政府レベルでの協力が必要不可欠である．友好な国際関係が求められていると考えられる．観光の推進は，日本経済の活性化に直結するだけでなく，日本文化への理解を通して日本ファンを作ることにもなると考えられる.

1)　WTO（世界観光機関）が1975年発足．2003年に国連専門機関となり，名称をUNWTOへ変更.
2)　日本政府観光局は1991年までに日本人の海外旅行者数を1000万人の水準に乗せることを目標とした.

3) VJ の大きな特色は，訪日促進の主要都市を絞り込み，各国・地域ごとに市場規模，ニーズなどの特性を十分に把握することを重要視しており，各市場の訴求対象に応じたプロモーション方針を策定している点にある．

参 考 文 献

安達清治（2002）『ツーリズムビジネス』創成社，8 頁

国土交通省観光庁『訪日外国人の消費動向　平成 25 年年次報告書』

徐向東（2011）『中国人観光客を呼び込む必勝術』日刊工業新聞社

陳雪瑞（2009）「華人社会と "海外" の意識」『成城コミュニケーション学研究』第 9 号，成城大学，31-48 頁

津久井良充・原田寛明（2008）『観光政策へのアプローチ』鷹書房弓プレス

日本総理府編『平成 23 年版観光白書』大蔵省印刷局発行

日本総理府編『平成 25 年版観光白書』大蔵省印刷局発行

日本総理府編『平成 26 年版観光白書』大蔵省印刷局発行

前田勇（2010）『現代観光総論（改訂新版）』学文社

盛山正仁（2011）『観光政策と観光立国推進基本法』ぎょうせい，191 頁

Chen, X. and M. Ohashi, (2012) *Research Regarding Industrial Development after the Great East Japan Earthquake -Information Usage Centered on the Tourism Industry-*, The Eighth International Conference on Knowledge-Based Economy & Global Management, October 31 - November 2, 2012

第 7 章

日本と中国の大学における論文生産量の比較研究
—— 1975 年から 2012 年の論文生産量に基づいた 2013 年から 2015 年の論文生産量の予測——

角 田 裕 之

は じ め に

　近年，中国の大学の躍進が著しい．タイム社の 2014 年版大学ランキングによれば，100 位以内の日本の大学はアジアの首位を確保した東京大学 (23 位)．京都大学 (52 位) の 2 校のみであった[1]．一方，中国の大学は，香港大学 (26 位)，北京大学 (45 位)，清華大学 (50 位)，香港科技大學 (57 位) の 5 校であった．101 位から 200 位では中国は香港中文大學 (109 位) の 1 校に対して，日本が東京工業大学 (125 位)，大阪大学 (144 位)，東北大学 (150 位) の 3 校でやや日本が多かった．ところが，201 位から 300 位では中国が 7 校，日本が 3 校であり，301 位から 400 位では中国が 9 校，日本が 3 校であった．合計では日本 11 校に対して中国は倍の 22 校で，世界のトップ 400 位までの大学は，大きく中国が日本を上回っている．ランキングに強く影響を与える指数のひとつに論文生産量がある．近年，中国は論文生産量を伸ばしている[2]．論文を生産する主要な機関は大学である．中国の大学が数多く上位にランクしたのは，論文生産量の増加に起因し今後もこの傾向は継続するであろう．本研究は大学ランキングを押し上げた論文生産量に着目し，過去から現在までの大学別の論文生産量から直近の将来の

180

論文生産量を予測し，大学ランキングの変動に与える影響を考察する．

1．方　　法

1-1．論　　文

　論文の生産量を調査する．論文は，中国と日本の大学の論文生産量を適切に比較するために，主要な科学雑誌に掲載された査読論文とする．このような論文を大系的に収集したデータベースのひとつに SCI (Science Citation Index expanded) がある．SCI はロイタートムソンが製作する引用索引データベースで主に医学，工学，理学等の自然科学の学術雑誌の文献からなる．これらの文献のうち，1975 年から 2012 年に刊行され，ドキュメントタイプが article に分類されたすべての文献（本論では article を論文と呼ぶ）を調査した．

1-2．機関と国の論文生産量のカウント方法

　SCI に採録された論文の著者所属機関，若しくはその機関が設置された国のうち 1 つ以上該当したとき，その機関や国の論文数を 1 件とする．例えば，論文 A が著者 a と著者 b の共著であったとき，著者 a が所属する機関 α の設置国が日本，著者 b が所属する機関 β の設置国が中国であれば，機関 α と機関 β，若しくは日本と中国がそれぞれ 1 件と数える．

1-3．大学の国表記

　著者が所属する機関種が大学でその設置国が日本のとき，この機関を日本の大学と表記し，同様に中国のときは中国の大学と表記する．

1-4．論文生産予測量

　過去の論文生産量に基づいて導いた近似式から直近の将来の論文生産量

を予測する．年次を独立変数 x，論文生産量を従属変数 y とした近似式を示す．近似式には，線形近似，多項式近似（一般に次数が高くなるほど決定係数も高くなる傾向がある．しかし，次数が高い式ほど x に対する y の変化が極度に大きくなる傾向がある．よって，将来量を予測するには，次数が低い 2 次と 3 次を候補とする．），指数近似，対数近似，累乗近似等の多様な式がある．ここでは，決定係数（R^2）が高い近似式の候補を選択する．決定係数が高くても，予測を示すとは限らない．むしろ，予測が適切な実態と一致する程度は，予測の直前との一致度に左右される．その中で，予測年の直前の 3 年間との開きが少ないひとつを選択する．初めに，調査範囲全体の 1975 年から 2012 年の論文生産量から近似式の候補を選択し，次に，予測直前の 2010 年から 2012 年の候補の近似式との標準偏差が小さい近似式を選ぶ．2 段階で決定した近似式が示す 2013 年から 2015 年の量を論文生産予測量とする．

2．結　　　果

2-1．国の論文生産量

1975 年から 2012 年まで国別に集計した論文生産量のうち，日本と中国

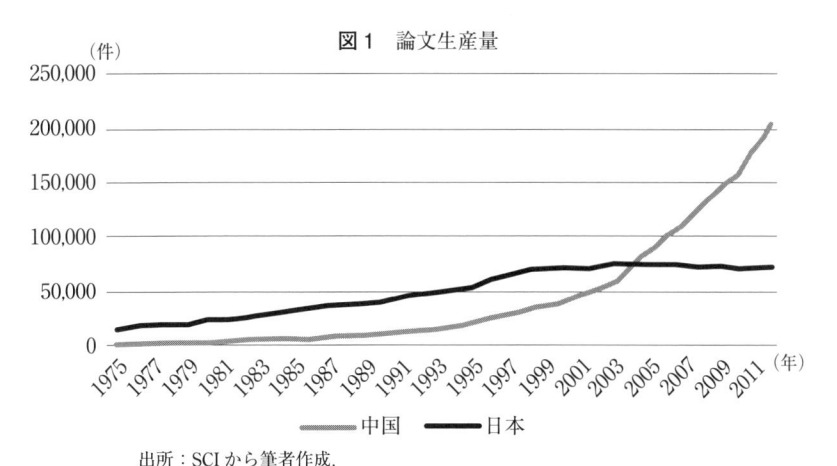

図 1　論文生産量

出所：SCI から筆者作成．

の論文生産量を図1に示す.

1975年から一貫して,日本は中国より論文生産量が多く,1996年には最大3万7000件以上の差があった.ところが,1999年から差が縮小し始め,2005年に逆転した.以降,差の拡大が急激に広がり,2012年には13万件まで広がった.日本より中国の論文生産量が大きく増加したことがわかる.これらの論文生産を支えている機関の多くが国立研究所や大学等であった.

2-2．大学の論文生産量

2012年における日本と中国の大学における論文生産量を表1に示す.

表1　日本と中国のトップ80大学の論文生産量（2012年）　（件）

東京大学	7,013	**九州大学**	2,819	中国农业大学	1,739	华东师范大学	1,241
浙江大学	6,056	**北海道大学**	2,805	香港城市大學	1,684	**千葉大学**	1,223
上海交通大学	5,667	西安交通大学	2,742	兰州大学	1,680	北京科技大学	1,220
京都大学	5,336	國立成功大學	2,617	長庚大學	1,652	上海大学	1,219
北京大学	5,309	大连理工大学	2,437	國立交通大學	1,649	香港科技大學	1,196
清华大学	5,053	香港大學	2,421	**広島大学**	1,637	国防科学技术大学	1,189
國立臺灣大學	4,656	同济大学	2,344	华东理工大学	1,630	國立中央大學	1,182
中南大学	4,378	**東京工業大学**	2,316	慶應義塾大学	1,629	國立中興大學	1,138
复旦大学	4,341	武汉大学	2,275	國立清華大學	1,597	中国地质大学	1,121
東北大学	4,211	东南大学	2,132	電子科技大学	1,582	郑州大学	1,115
大阪大学	4,176	香港中文大學	2,089	國立陽明大學	1,573	**早稲田大学**	1,111
中山大学	3,720	天津大学	2,063	重庆大学	1,529	第二军医大学	1,104
山东大学	3,650	**筑波大学**	1,923	北京师范大学	1,521	**名古屋工業大学**	1,086
四川大学	3,595	华南理工大学	1,876	**神戸大学**	1,476	北京化工大学	1,063
南京大学	3,573	南开大学	1,838	首都医科大学	1,470	湖南大学	1,056
華中科技大学	3,259	北京航空航天大学	1,829	中國醫藥大學	1,434	第四军医大学	1,043
吉林大学	3,234	厦门大学	1,806	北京理工大学	1,336	江苏大学	1,041
中国科学技术大学	3,114	北京协和医学院	1,797	**岡山大学**	1,322	西安电子科技大学	1,028
哈尔滨工业大学	3,090	苏州大学	1,784	南京医科大学	1,272	臺北醫學大學	1,020
名古屋大学	2,897	香港理工大學	1,748	西北工业大学	1,245	西北农林科技大学	1,011

注：ゴシック文字が日本の大学,明朝文字が中国の大学.
出所：SCIから筆者作成.

論文生産量の1位から20位までは，日本が5校，中国が15校であった．

論文生産量の1位から20位までは，日本が5校，中国が15校であった．21から40までおよび，41位から60位までは日本が4校，中国が16校と差が広がった．61位から80位までは日本が3校，中国が17校とさらに差が拡大した．全体では中国の大学数は日本の大学数の4倍であった．

2-3．大学の論文生産予測量

論文生産量（y：機関に所属する著者が当該年に発表した論文数）を年次（x：1975年を1とし，毎年1増加する量）から予測する複数の近似式と，その中から最適な将来予測量を示す式の選択方法について，日中の1位の大学で例を示す．

・東京大学

表1で第1位の日本の大学であった東京大学の論文生産量と近似を図2に示す．

図2　東京大学の論文生産量（1975-2012），近似（1975-2015）

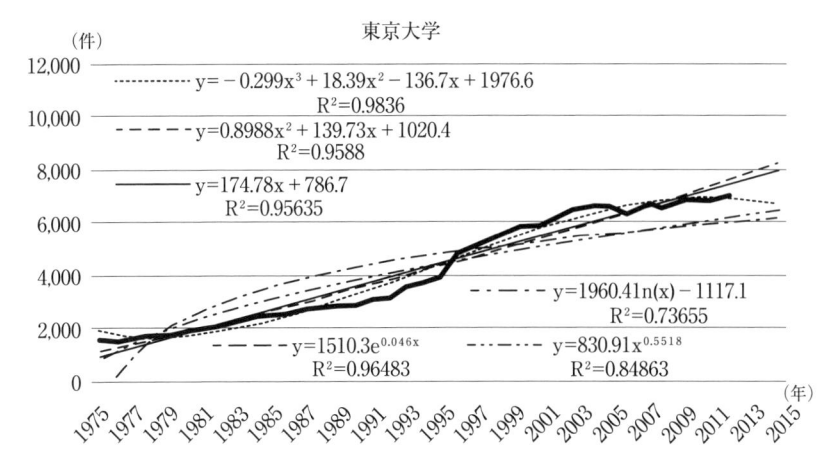

注：実線―線形近似，破線―多項近似2次式，点線―同3次式，破線―指数近似長，
　　長鎖線―対数近似，長二点鎖線―累乗近似
出所：SCIから筆者作成．

184

東京大学の論文生産量に基づく近似式と決定係数（R^2）はそれぞれ次の式で表すことができる．線形近似 y = 174.78x + 786.7（0.9563），多項近似2 次 y = $0.8988x^2$ + 139.73x + 1020.4（0.9588），同 3 次 y = $-0.299x^3$ + $18.39x^2$ - 136.7x + 1976.6（0.9836），指数近似 y = $1510.3e^{0.046x}$（0.9648），対数近似 y = 1960.4ln(x) - 1117.1（0.7366），累乗近似 y = $830.91x^{0.5518}$（0.8486）である．決定係数で近似式を比較すると，対数近似（0.7366）＜累乗近似（0.8486）＜線形近似（0.9563）＜多項近似2次（0.9588）＜指数近似（0.9648）＜多項近似3次（0.9836）となる．決定係数が0.9を超え極めて近い近似式は，線形近似，多項近似2次・3次，指数近似の4種である．近似式との標準偏差は，線形近似364，多項近似2次531，多項近似3次93，指数近似7991である．よって，最も標準偏差が小さい多項近似3次を東京大学の最適な将来予測量の式として採用する．

・浙江大学

表1で第2位の中国の大学であった浙江大学の論文生産量と近似を図3に示す．

図3　浙江大学の論文生産量（1975-2012），近似（1975-2015）

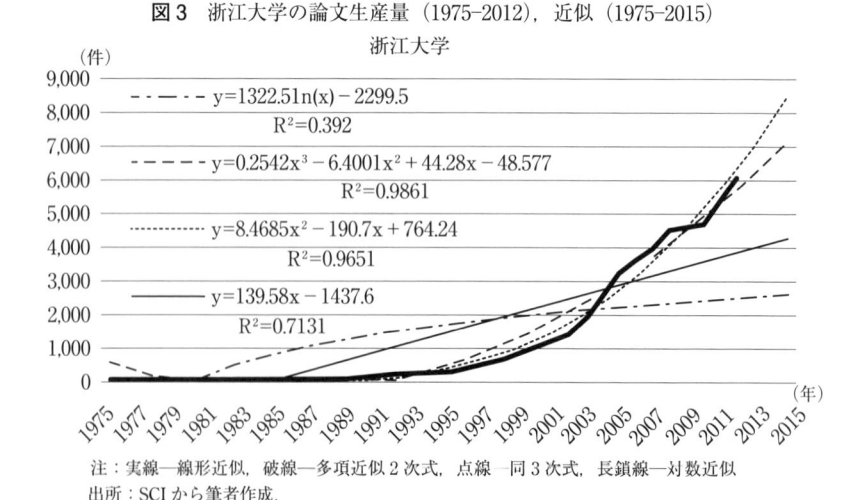

注：実線─線形近似，破線─多項近似2次式，点線─同3次式，長鎖線─対数近似
出所：SCIから筆者作成．

　浙江大学の論文生産量に基づく近似式と決定係数（R^2）はそれぞれ次の式で表すことができる．線形近似 y = 139.58x − 1437.6（0.7131），多項近似 2 次 y = 8.4685x^2 − 190.7x + 764.24（0.9651），同 3 次が y = 0.2542x^3 − 6.4001x^2 + 44.28x − 48.577（0.9861），対数近似 y = 1322.5ln（x）− 229.5（0.392）である．浙江大学の論文生産量（y）が零（∅）を含むため，指数近似と累乗近似は存在しない．決定係数で近似式を比較すると，対数近似（0.392）＜線形近似（0.7131）＜多項近似 2 次（0.9651）＜多項近似 3 次（0.9861）となる．決定係数が 0.9 を超え極めて近い近似式は，多項近似 2 次・3 次の 2 種である．近似式との標準偏差は，多項近似 2 次 210，多項近似 3 次 291 である．よって，最も標準偏差が小さい多項近似 2 次を浙江大学の最適な将来予測量の式として採用する．

　このようにしてトップ 2 大学の最適な近似式を決定したが，中国の多くの大学が論文生産量（y）に零（∅）を含むため，指数近似と累乗近似は存在しない．および，多項近似 2 次と同 3 次がおしなべて決定係数が高く，かつ，標準偏差も十分に小さいことから，3 位以降の大学については，多項近似 2 次または同 3 次のうち標準偏差の小さい式を将来予測量の式として採用する．

3．考　　察

　表 1 で第 1 位から 80 位までの論文生産量を示した大学について，前 2 大学と同様に 1975 年から 2012 年の論文生産量に基づいて，1975 年から 2012 年の近似と 2013 年から 2015 年の論文生産予測量を曲線で示す．図 4 から，東京大学，京都大学，大阪大学，東北大学，九州大学等の多くの日本の国立大学は，2000 年までは論文生産量が増加傾向であったが，2000 年以降は増加が緩やか若しくは停止した．これに対して，浙江大学，上海

図4 トップ80大学の論文生産量（1975-2012），近似（1975-2012），
論文生産予測量（2013-2015）

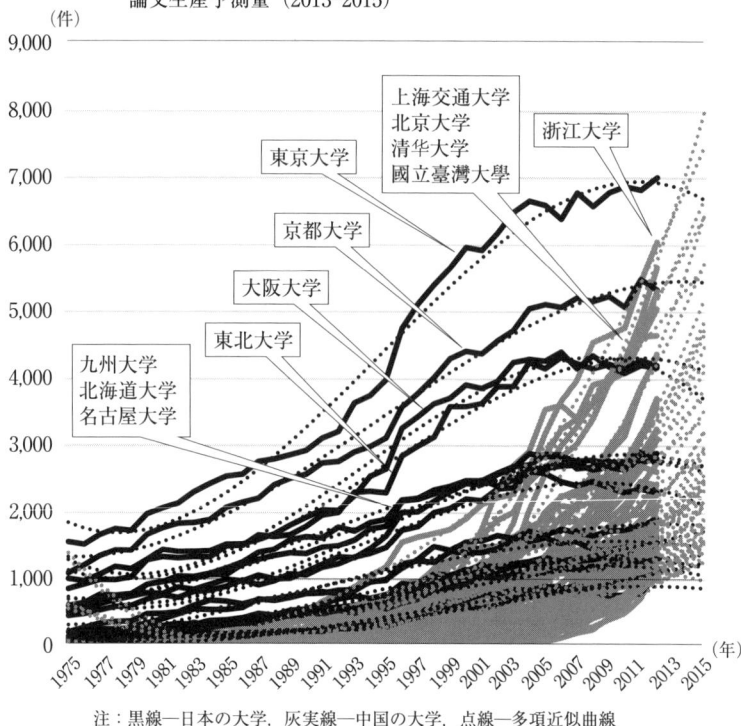

注：黒線—日本の大学，灰実線—中国の大学，点線—多項近似曲線
出所：SCIから筆者作成.

交通大学，北京大学，清华大学，國立臺灣大學等の多くの中国の大学は，
2000年以降に論文生産量が急激に増加した．2013年から2015年の論文生
産予測量は，日本のほとんどの大学が減少を示し，中国のほとんどの大学
が増加を示した．

　この結果を基に，2013年から2015年の論文生産予測量による大学ラン
キングを表2に示す．

表 2　論文生産予測量大学ランキング（2013-2015）

順位	2012 年	2013 年	2014 年	2015 年
1	東京大学	東京大学	上海交通大学	上海交通大学
2	浙江大学	上海交通大学	東京大学	浙江大学
3	上海交通大学	浙江大学	浙江大学	北京大学
4	京都大学	北京大学	北京大学	東京大学
5	北京大学	清華大学	清華大学	清華大学
6	清華大学	京都大学	京都大学	中南大学
7	國立臺灣大學	國立臺灣大學	中南大学	复旦大学
8	中南大学	中南大学	國立臺灣大學	國立臺灣大學
9	复旦大学	复旦大学	复旦大学	京都大学
10	東北大学	東北大学	四川大学	四川大学
11	大阪大学	大阪大学	山東大学	山東大学
12	中山大学	四川大学	中山大学	中山大学
13	山東大学	中山大学	東北大学	華中科技大学
14	四川大学	山東大学	華中科技大学	哈爾濱工業大学
15	南京大学	南京大学	南京大学	東北大学
16	華中科技大学	華中科技大学	哈爾濱工業大学	東北大学
17	吉林大学	哈爾濱工業大学	大阪大学	吉林大学
18	中国科学技術大学	吉林大学	吉林大学	西安交通大学
19	哈爾濱工業大学	中国科学技術大学	中国科学技術大学	中国科学技術大学
20	名古屋大学	國立成功大學	西安交通大学	大阪大学
21	九州大学	西安交通大学	國立成功大学	大連理工大学
22	北海道大学	北海道大学	大連理工大学	國立成功大学
23	西安交通大学	大連理工大学	北海道大学	同済大学
24	國立成功大学	名古屋大学	名古屋大学	武漢大学
25	大連理工大学	九州大学	武漢大学	東南大学
26	香港大學	香港大學	九州大学	香港大學
27	同済大学	武漢大学	同済大学	北海道大学
28	東京工業大学	同済大学	香港大学	名古屋大学
29	武漢大学	東南大学	東南大学	華南理工大学
30	东南大学	東京工業大学	華南理工大学	九州大学
31	香港中文大學	香港中文大學	中国农业大学	中国农业大学
32	天津大学	華南理工大学	天津大学	天津大学
33	筑波大学	天津大学	香港中文大学	北京航空航天大学
34	华南理工大学	中国农业大学	東京工業大学	北京协和医院
35	南开大学	南开大学	北京航空航天大学	兰州大学
36	北京航空航天大学	兰州大学	兰州大学	厦门大学
37	厦门大学	香港理工大学	北京协和医院	長庚大学
38	北京协和医院	北京协和医学院	南开大学	香港中文大學
39	苏州大学	北京航空航天大学	長庚大学	苏州大学
40	香港理工大學	長庚大学	厦门大学	华东理工大学
41	中国农业大学	厦门大学	香港理工大学	南开大学
42	香港城市大學	苏州大学	苏州大学	電子科技大学
43	兰州大学	筑波大学	华东理工大学	香港理工大学
44	長庚大学	华东理工大学	國立交通大学	東京工業大学
45	國立交通大学	苏州大学	電子科技大学	國立交通大学
46	広島大学	香港城市大學	北京师范大学	北京师范大学
47	华东理工大学	國立清華大学	筑波大学	重庆大学
48	慶應義塾大学	電子科技大学	香港城市大学	首都医科大学
49	國立清華大学	北京师范大学	國立清華大学	中國醫藥大学
50	電子科技大学	慶應義塾大学	重庆大学	國立清華大学
51	國立陽明大學	國立陽明大学	首都医科大学	香港城市大学
52	重庆大学	重庆大学	國立陽明大学	北京理工大学

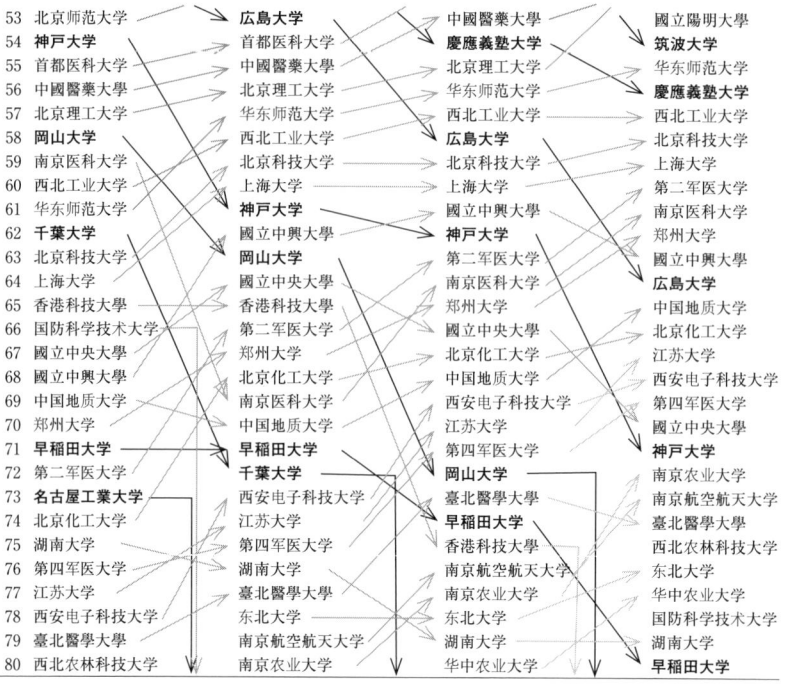

注：ゴシック文字が日本の大学，明朝文字が中国の大学．
出所：SCI から筆者作成．

　日本の大学の順位低下を矢印で示した．日本のほとんどの大学が 2013 年，2014 年，2015 年と年を追うごとに順位が下降する．2012 年に対して 2015 年の順位差は，東京大学-3，京都大学-5，東北大学-6，大阪大学-9，名古屋大学-8，九州大学-9，北海道大学-5，東京工業大学-16，筑波大学-21，広島大学-18，神戸大学-17，慶應義塾大学-8，早稲田大学-9 である．岡山大学，千葉大学，名古屋工業大学は，80 位以降でランク外になる．一方，中国の大学は順位を上げている大学もあれば，下げている大学もあり，大学によって様々であるが，全体としては日本が順位を落とした分，上げたと言って良いであろう．

お わ り に

　タイム社等の大学ランキングでは，複数の指標から順位を決定している．よって，論文生産量の増減量がストレートに順位に反映することはない．しかし，論文生産量は大学ランキングに与える影響力が高い指標であることには間違いない．本研究で採用した論文のデータベースは自然科学が中心であるので，すべての大学に対して一様には言えないが，このままの状態が継続すれば，日本の多くの大学が中国の大学に抜かれる可能性が高いであろう．今後，日本の大学が現在の順位を維持もしくは上昇させるためには，研究活動に重点を置き，研究成果の論文の生産量を増加させる必要がある．

＊　本研究は JSPS 科研費 25330388 の助成を受けたものである．

参 考 文 献

Times Higher Education, The World University Rankings 2013‒2014, http://www.timeshighereducation.co.uk/world-university-rankings/2013-14/world-ranking（参照 2014/08/13）

文部科学省科学技術・学術政策研究所科学技術・学術基盤調査研究室，調査資料‒229 科学技術指標 2014，195 p. 2014

第8章

食文化の変容に関する考察
——食育基本法の前後における食に関する意識・行動の変容を中心として——

倉 田 紀 子

は じ め に

　この章では，食に関する意識や行動の変容を概観する．食育基本法が2005年に制定されてから約10年が経つ．この間における食育に関する自治体および個人の変容について，研究する．

　食育は文化のひとつの現れであり，日々の生活から紡ぎ出されるものである．文化は人がつくり出す可変的なものであるが，一定の変更を加えつつも，地域や個人のアイデンティティを形成する一要素となり得るため，継承すべきものとして，その衰退を防ぎ，擁護・推進する必要がある．文化を擁護・推進する手法としては，国や自治体が擁護・推進のための計画を作成し，計画に定めた目標を達成するため，新規事業を導入し，また，既存の事業を実施する際には改善を図ることが考えられる．そして，これらの対策を行った結果，市民の意識・行動に，個人的な健康管理に加え，食文化を継承しようとする変容が見られるのではないかと推察される．

　よって，ここでは，食文化の定義を確認し，国や自治体の食文化に関する行動変容，個人の食文化に対する意識変容・行動変容とを観察していく．

1．食は文化なのか

　まず，文化の定義について確認する．文化人類学では，文化に生活を含む立場をとっている（松田 2009，河合編著 1995）．文化人類学者の馬淵（馬淵，大井，小川 1978）によれば，広義の「文化」とは，物質生活，社会生活そして精神生活から構成されると定義される．さらに，物質生活と社会生活とは生活様式として分類され，精神生活は芸術・科学・宗教にわたる生活態度であると説明される．文化人類学者の波平ら（2011）は，「文化」を「一般的な理解の文化よりも広く，人間を取り巻く環境の認識の仕方，人々との関係，食糧等の獲得や消費の仕方など，人間が生きていく上での活動のほぼ全体を含んでいる．」とした上で，「文化」を個人レベルと集団レベルとに分け，「個人のレベルにおける「文化」は，生存のための知識や技術等のすべてである．」とし，集団レベルにおける「文化」を「自分が所属している集団の「文化」」と定義する．

　文化情報学では，集団レベルの「文化」に着目し，社会的共同記憶，すなわち集団としての情報保持の在り様を「文化」と定義する．具体的には，集団内で共有される知識化情報と，伝達・蓄積のために記号などにより表現され，学習による継承が可能な情報データの塊であるとされる（安澤，原田 2002）．

　筆者らは，2011 年 3 月に起こった東日本大震災で，避難地域に指定された人々がまちから長期間避難を余儀なくされた状態を，地域における「文化」の拡散として捉え，ICT を活用した避難者の生活情報の集約について構造を示してきた（Kurata, Ohashi, and Hori 2011, Kurata and Ohashi 2011, Kurata, Kurata, and Ohashi 2012, Kurata, Ohashi, and Hori in printing）．

　筆者らの上記の研究は，地域における生活情報の集約であるから，馬淵による「文化」の広義の定義によれば，人々の生活における出来事などを集積したものであり，主に社会生活に係わる「文化」に関する情報である．

さらに，生活の記録は，「人間が生きていく上での活動」であるから，波平らによる文化人類学の視点からも「文化」であると言うことができる．また，生活の記録はすべて伝達可能な形式により表現されており，一部に非公開の情報が含まれるものの，大部分は「集団内で共有され」，公開を許された者は学習による継承が可能であるから，文化情報学の分野からも「文化」であると言うことができる．

人間の物質生活および社会生活に関連し，人間が生きていくために必要な活動であり，伝達可能な形式により表現された「文化」の代表的な例として，食に関する文化（食文化）と，その結晶とも言える料理を挙げることができる．

料理は，食材の消費の方法・態様であり，調理の方法には生存のための知識や技術が伴うこと，また，食材の調理方法は知識化された情報であり，調理された料理そのものは味覚情報などの表現であるから，調理法などを学習することにより継承が可能である．

したがって，文化人類学や文化情報学では，料理は食に関する「文化」の一例となり，個人が調理することを重視すれば個人レベルの「文化」と言うことができ，かつ，郷土料理のように地域内に共有されている情報であれば集団レベルの「文化」であるとも言うことができる．

これを，文化人類学者 Sutton（2001）は，食料調達，調理，忌避などの食にまつわる事項は，自己の記憶の社会的構築であると説明した．

元来，郷土料理は主に特定の地域において食されてきた料理のことであるが，その地域において採取できる植物および捕獲できる動物のうち，毒性がないなど，食するに適した食材を選別し，殺菌するために加熱したり，日持ちがするように燻したり，安全に食すことができるよう加工されたところから発生したと考えられているが，同一の食材を選択したとしても，地域における信仰に従い食すことを忌避したり，地域による嗜好があり，味覚の適応があったため地域内において独自に進化した（Auner 1994，井之口 1958）．

　食材の選別から食品の加工に至るこれら一連の作業は，生命維持のための食環境の整備として考案されたのであるから，本来的には健康管理の一環であると言える．

　郷土料理以外の健康管理としては，食事管理や体重管理なども代表例である．体重測定の重要性と体部位ごとの新しい重量測定方法については別に報告した（倉田，倉田，倉田 2012）が，肥満は高血圧や糖尿病などの病気を発症させ，痩せは貧血や骨粗しょう症などを引き起こす要因である．よって，食事管理，体重管理などの健康管理は，「生存のための知識や技術等」であるから文化人類学の定義による個人レベルの「文化」に該当する．

　食事管理，体重管理などの健康管理情報は，共有が不可能ではないものの，原則として個人情報として取り扱われ，これまでは一般には共有されてこなかった．つまり，個人レベルの「文化」にとどまっていた．しかし，ソーシャルネットワーキングサービス（SNS）などの発展により，実名の個人が食べ歩きという趣味として食事記録を公開して仲間と共有したり，匿名の個人が病歴や薬歴を明かした上で食事管理や体重管理の情報を掲載して同じ病気の患者同士で共有しようとする動きが始まっている．現代においては，ICT の発展により，集団レベルの「文化」とすることも可能な時代となってきた．そこで，食事管理や体重管理についても，実名での記録であるか，匿名での記録であるかを問わず，共有が可能となり学習により継承が可能となっている部分については，集団レベルの「文化」であると言える．

　このように，郷土料理は，個人レベルの「文化」であり，かつ，地域における集団レベルの「文化」でもある．

　また，食事管理，体重管理などの健康管理は，将来的には地域における集団レベルの「文化」になり得ると考えられるが，現時点では主に個人レベルの「文化」である．

２．国・地方公共団体の変容

２‐１．食育基本法と計画（意識の変容）

　郷土料理などの伝統ある日本の食文化を継承するための対策として，2005 年から制定・実施された食育基本法（平成 17 年法律第 63 号）がある．食育基本法の制定背景としては，①「食」を大切にする心の欠如，②栄養バランスの偏った食事や不規則な食事の増加，③肥満や生活習慣病（がん，糖尿病など）の増加，④過度の痩身志向，⑤「食」の安全上の問題の発生，⑥「食」の海外への依存，⑦伝統ある食文化の喪失への対策が必要であるとの認識があった（内閣府 2014a）．

　食育基本法は，国民が生涯にわたって健全な心身を培い，豊かな人間性を育むことができるようにするため，食育を総合的，計画的に推進することを目的に制定された（内閣府 2014a）．　食育基本法の前文では，食育を，①生きる上での基本であって，知育，徳育および体育の基礎となるべきもの，②様々な経験を通じて「食」に関する知識と「食」を選択する力を習得し，健全な食生活を実践することができる人間を育てることと位置づけており，心身が「食」の上に成り立つという観念を示している．

　食育基本法第 9 条では国の責務，第 10 条では地方公共団体の責務が規定されている．地方公共団体に着目すると，第 10 条では地方公共団体の区域の特性を生かした自主的な施策を策定し，および実施する責務を有すること，第 17 条第 1 項では都道府県が国の食育推進基本計画を基本として，当該都道府県の区域内における食育の推進に関する施策についての計画（以下「都道府県食育推進計画」という．）を作成するよう努めなければならないこと，第 18 条第 1 項では，市町村は，食育推進基本計画（都道府県食育推進計画が作成されているときは，食育推進基本計画および都道府県食育推進計画）を基本として，当該市町村の区域内における食育の推進に関する施策についての計画（以下「市町村食育推進計画」という．）を作成するよう努めなけ

196

ればならないことが，規定されている．

そこで，国では，2006年3月に2010年度までの食育推進基本計画が作成され，その後，2011年度から2015年度までの5ヶ年を計画期間とする第2次食育推進基本計画が作成された．

地方公共団体の食育推進計画の作成状況は，第2次食育推進基本計画策定時に都道府県はすべて作成済みであった．市町村については第2次食育推進基本計画では目標値は100％であるが，計画策定時の2010年度の現状値は作成済みが40％で，2013年3月現在での作成済みが1,742市町村中1,138で65.3％であった（内閣府 2014b）．

また，2013年3月現在で管内市町村がすべて食育推進計画を作成済みであった県は，新潟県，石川県，静岡県，島根県，徳島県，香川県，長崎県のみであった．表1に2013年3月現在での都道府県別の市町村食育推進計画の作成状況を示す．

法や計画は，国や自治体の行動規範となるもので，いわば意識づけであると言えよう．法を実施するものが計画であり，計画を実施するものが事

表1 市町村の食育推進計画作成状況（都道府県別）

計画作成済み 市町村の割合	市町村の所在する都道府県					
100％	新潟県 長崎県	石川県	静岡県	島根県	徳島県	香川県
90％以上 100％未満	兵庫県 岩手県	青森県 愛媛県	宮城県	愛知県	佐賀県	山口県
70％以上 90％未満	滋賀県 山梨県 熊本県	大分県 岡山県	高知県 栃木県	秋田県 群馬県	鹿児島県 福井県	広島県 神奈川県
50％以上 70％未満	富山県 宮崎県	岐阜県 福島県	茨城県 山形県	京都府 大阪府	東京都	長野県
30％以上 50％未満	奈良県	鳥取県	埼玉県	和歌山県	福岡県	千葉県
10％以上 30％未満	北海道	三重県	沖縄県			

出所：内閣府（2014c）のデータを基に筆者が分類して作成．

表 2　市町村食育推進計画の作成について，都道府県食育推進計画の中で 100%
　　　　以外の目標値を挙げている都道府県（すでに 100% 達成している県を除く）

市町村食育推進計画の作成目標値	都道府県
20 市町村	秋田県
30 市町村	岐阜県
50%	沖縄県
55% 以上	福島県
90%	宮崎県
数値目標なし	千葉県　東京都　富山県　福井県　三重県 鳥取県　岡山県　大分県

出所：都道府県食育推進計画において数値目標として設定された主な目標（内閣府 2014d）.

業であり，計画の中に位置づけられた事業は，計画期間内での目標が設定
され，その執行状況を管理され，評価されることになるのが通例である．
表 2 には，各都道府県計画における，管内市町村の食育推進計画作成の目
標値を示した．この目標値からは，県が，管内市町村にいかに食育推進計
画の作成を促すかという姿勢・意識を読み取ることができる．

　表 2 に記載した県以外は，国の計画に則り，100% を目標値としているか，
または，すでに 100% を達成している．一方，50% 台に設定する県や，そ
もそも目標値を設定しない県もある．福島県については，東日本大震災か
らの復興が最優先であるから低い目標値になっていると推測されるが，そ
れ以外の目標値が低い県または数値設定がない都・県については，食育へ
の意識が低いか，市町村や市民の自治や自主性を重んじるといった理由が
推測される．

2-2．国・地方公共団体の行動の変容

　国・地方公共団体の意識が法や計画により明確にされ，行動はどのよう
に変容したのか．

2-2-1．食料自給率の変容

　食育基本法の制定背景として課題に挙げられた 7 項目のうち，⑥「食」

198

の海外への依存について，変容を観察する．食の海外への依存度を減少さ
せるということは，すなわち食料自給率を上げることである．食料の輸入
先である国が災害に遭うなど，輸入が制限されることになれば，食料自給
率が低いという問題は国民の生命の維持を脅かすものとなる．また，国内
での災害時も，遠方からの食料支援は道路が寸断されるなどの問題があ
り，運搬が困難になることから，近隣の自治体が互いの住民を養えるだけ
の食料を生産していることが望ましいはずである．

　この点，都道府県別の食料自給率の推移（カロリーベース・生産額ベース）（農
林水産省 2014）は，表3のとおりである．この表では，食育推進基本計画
が作成された2006年3月すなわち2005年度を基準に，直近の2009年度
から2011年度までの間に，カロリーベースまたは生産額ベースで，1年
度でも10％以上の増減があった自治体を示した．カロリーベース・生産
額ベースともに3年度とも増加しているのは，山形県・鹿児島県・高知県
であった．北海道は，カロリーベースでは減少しているが，生産額ベース
では大幅に増加しており，経済的な効果が高い食料を生産するよう戦略を
転換したものと推測される．

表3　2005年度の食料自給率を基準として2009年度から2011年度までに
　　　食料自給率が10％以上の増減のあった道・県

| | | カロリーベース | | | |
		3年度とも増加	23年度のみ減少	変動なし	3年度中2年度減少
生産額ベース	3年度とも増加	山形県 鹿児島県 高知県		長野県	北海道
	23年度のみ減少	**岩手県**	福島県	茨城県	
	3年度中2年度減少	秋田県 宮崎県	**宮城県 青森県**		
	3年度とも減少		沖縄県		

注：太字は食育推進計画を策定した市町村の割合が90％以上の県．
出所：農林水産省（2014）データを基に筆者が分類して作成．

表4　食育推進計画を策定した市町村が90%以上の県の2005年度の食料自給率を基準とした2009年度から2011年度までの食料自給率の増減

		カロリーベース					
		3年度とも増加	2年度増加	変動なし	23年度のみ減少	3年度中2年度減少	3年度とも減少
生産額ベース	3年度とも増加	長崎県	徳島県				愛媛県
	23年度のみ減少	新潟県 **岩手県**	佐賀県				
	3年度中2年度減少		香川県	愛知県 兵庫県	**宮城県 青森県**	静岡県	
	3年度とも減少	石川県 島根県 山口県					

注：太字は食料自給率が10%以上増減した県.
出所：内閣府（2014c）データおよび農林水産省（2014）データを基に筆者が分類して作成.

　一方，表4には，食育推進計画を策定した管内市町村が90%以上である15県について，2005年度を基準に，直近の2009年度から2011年度までの間のカロリーベースまたは生産額ベースでの増減を示した．その結果，カロリーベースでは9県が増加，2県が変動なし，4県が減少であった．生産額ベースでは3県が増加，12県が減少であった．15県を総括すると，全体的な食料自給率は，カロリーベースがやや増加し，生産額ベースは減少する傾向が見られた．

　以上から，食育推進計画を作成済みの市町村が多い県ほど，食料自給率が高く変容するわけではないことがわかった．

2-2-2．米飯給食実施率の変容

　食育基本法の制定背景として課題に挙げられた7項目のうち，⑦伝統ある食文化の喪失について，変容を観察する．伝統的な日本型食事のスタイルとしては，米飯を主食とし，おかずを副食とする献立のシステムがある（高田 2014）．

　ここでは，米飯給食を実施している学校の割合を挙げる．表5は，食育

200

表5 完全給食を実施している国公私立の小中学校のうち,
米飯給食を実施している学校の割合（都道府県別）

米飯給食実施校率	2005 年	2011 年	2012 年
100%	下記の県以外	全都道府県*	下記の県以外
99%以上～100%未満	静岡県　山形県 群馬県　広島県 埼玉県		
99%未満	宮城県　茨城県 北海道　三重県 青森県 95.1 %（513 校中 25 校が未実施）		青森県 98.4%（466 校 中 5 校が未実施）

注：＊東日本大震災の影響から，岩手県・宮城県・福島県を対象から除く.
出所：文部科学省（2014）データを基に筆者が分類して作成.

　基本法が制定された2005年から2012年まで，都道府県別に，完全給食を実施している学校の小中学校のうち，米飯給食を実施している学校の推移を示したものである.

　ここから，2005年に比べ，2011年ではほぼすべての都道府県の学校で米飯給食が実施されるよう変容したことがわかる.

　週3回以上,米飯給食を実施している学校（米飯給食を実施している小学校・中学校（中等教育学校前期課程を含む）・特殊教育諸学校・夜間定時制高等学校）は，図1のとおりである.2011年は震災の影響からか学校数自体が減少したが，2006年から週3回以上米飯給食を実施する学校数の割合は，着実に増加している.

　また，週3回以上学校で米飯給食を食べた幼児・児童・生徒（以下「生徒等」という.）の割合についても，実施する学校の割合が増加していることから，増加している.このことは，生徒等が，在学時に学校給食で日本型食事を実践的に経験する機会が増加していることになり，卒業後も，伝統的な日本型食事のスタイルを選択するよう習慣づける一助となるであろう.

図 1　米飯給食実施学校状況（週 3 回以上）

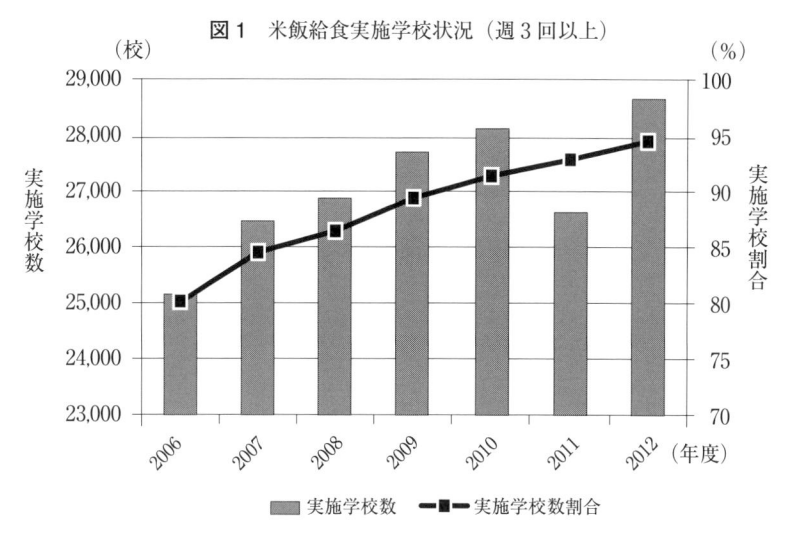

実施学校　　　実施学校数割合

出所：文部科学省（2014）データを基に筆者が作成.

図 2　米飯給食実施生徒等状況（週 3 回以上）

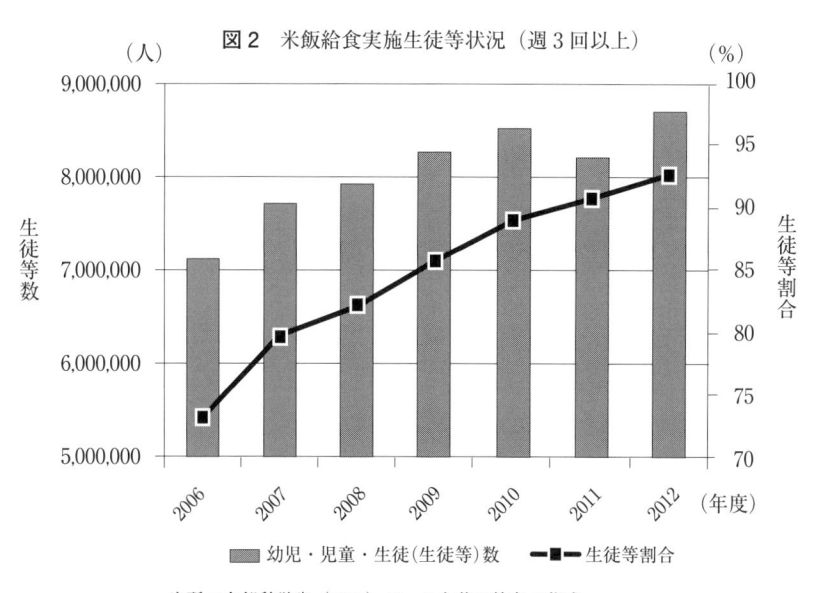

幼児・児童・生徒(生徒等)数　　　生徒等割合

出所：文部科学省（2014）データを基に筆者が作成.

3．個人の変容

3-1．個人の意識の変容

　国・地方公共団体の意識や行動の変容は，国民・市民には，どのように影響したのだろうか．個人の意識の変容を，内閣府が実施した食育に関する意識調査を基に，食育や食にまつわる地域への関心度から概観する．この意識調査は，2005年および2007年から2014年まで行われているが，毎年，調査項目が見直され，2005年当時から毎年統一して調査される項目は，食育の周知度と関心度のみである．したがって，以下では，類似または一致する調査項目が存する年のデータのみを抽出して示す．

　まず，食育の周知度については，図3に示す．食育基本法の制定時である2005年当時は，食育という言葉も，その意味も知っていた人は26.0%であったが，2008年に公表されたデータでは40%を超え，2008年に公表されたデータでは43.6%となっている．食育に関する関心は，「どちらか

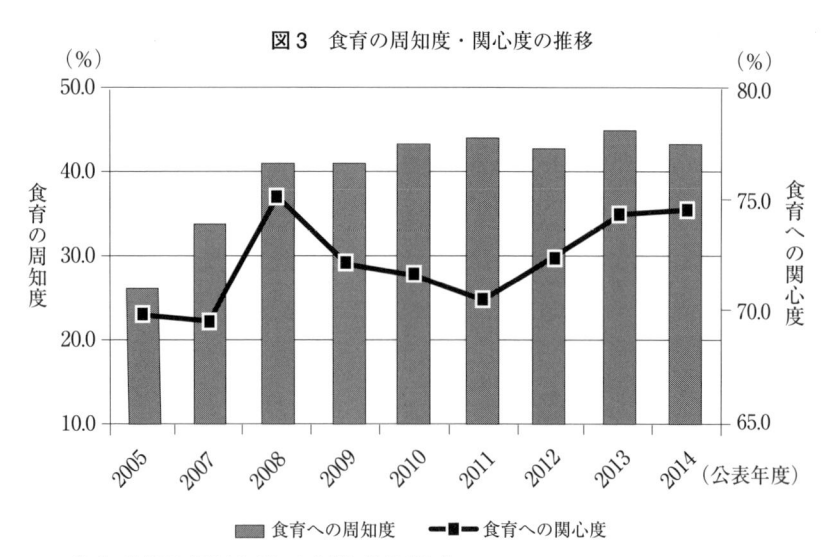

図3　食育の周知度・関心度の推移

といえば関心がある」と回答した人を含めて，2005年当時69.8%であったが，2008年には75.1%，2014年では74.5%となり，関心も高まっている．

食にまつわる地域文化・伝統への関心については，「食にまつわる地域の文化や伝統を守ること」に関心がある人は，2005年当時は13.8%（食育に関心がある69.8%のうち，関心がある理由として，複数回答でこのことが重要であることを理由として選択した人が19.8%），2013年は59.5%，2014年は62.1%となっており，食を，地域文化として認識する傾向が強くなっていることがうかがえる（図4）．

また，「地域に，日頃の食生活で伝統的行事や気候等と結びついてはぐくまれた食文化がある」と感じる割合も，2008年に比べ2012年では約6%上がっている（図5）．

このことからも，地域における食文化の存在の認識が高まっていることがわかる．

これらの文化の継承について，2008年の調査（内閣府2014e）では，「郷

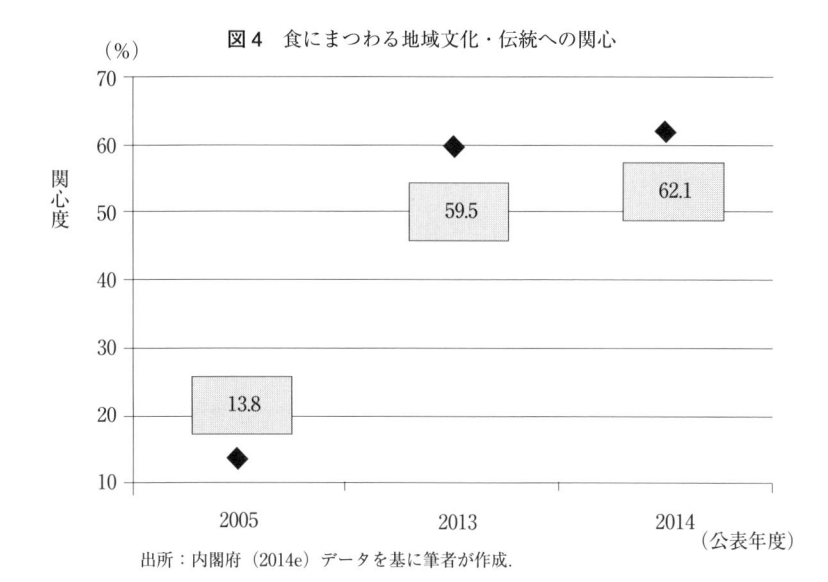

図4 食にまつわる地域文化・伝統への関心

出所：内閣府（2014e）データを基に筆者が作成．

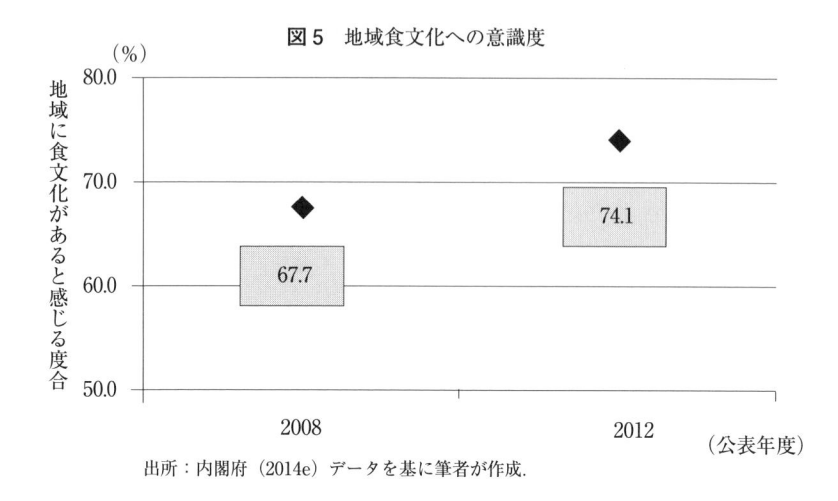

図5　地域食文化への意識度

出所：内閣府（2014e）データを基に筆者が作成.

土料理や伝統料理など，地域や家庭で受け継がれてきた料理や味で，次世代に伝えたいものがありますか．また，実際に伝えていますか」との設問がある．これに対する回答として，「伝えたいものがあり，実際に伝えている」が34.6％，「伝えたいものがあるが，伝えていない」が33.2％であった．これと類似する設問として，2014年の調査（内閣府 2014e）では，「郷土料理や伝統料理など，地域や家庭で受け継がれてきた料理や味を知っていますか」の設問で「知っている」と回答した46.9％について，「次世代に料理や味を伝えたいと思うか」と尋ねる設問があり，79.2％（知らない人を含めた全体では37.1％）が，「伝えたい」と回答していた．これらの設問は，設問の組み立てが異なることから，回答の割合を単純に比較することはできないが，2014年の設問は，料理や味を知っているか否かを尋ねることにより，伝えたい料理や味を具体的にイメージさせた上で伝承意識を尋ねた結果であり，2008年の設問で伝えたいものがあり実際に伝えていると回答した割合と近い値である4割弱となったものと推察される.

　この点，筆者らが別に行った調査では，郷土料理の継承意識は，実は料理や味そのものというよりも，料理や味を通して，故郷や先祖についての情報を伝えたいと思っているとの結果を得ている（Kurata, Kurata, and

Ohashi 2012). 国の調査では, 郷土料理への継承意識を, 材料や味覚にこだわりすぎているきらいがあり, 料理に費やす時間や, 料理をつくる作業工程を通じてのコミュニケーションにまで範囲を広げて食文化と捉えれば, 筆者らのような調査項目が必要となることがわかるはずである.

3-2. 個人の行動の変容

次に, 個人の行動の変容について, 野菜摂取量から観察する. 野菜摂取は, 食育基本法の制定背景のうち, ②栄養バランスの偏った食事を防ぐものとなる.

2005年から2012年までを比較したのが図6である. 1日当たり70g未満しか野菜を摂取しない人は, 2005年が5.5%, 2010年が6.4%, 2012年は6.0%で, 微増している. 350g以上摂取する人は, 2005年は31.1%, 2010年が29.5%, 2012年は29.6%でやや減少している. 1日当たりの野菜摂取量の平均値は, 2005年は279.8gであったが, 2012年は274.6gで

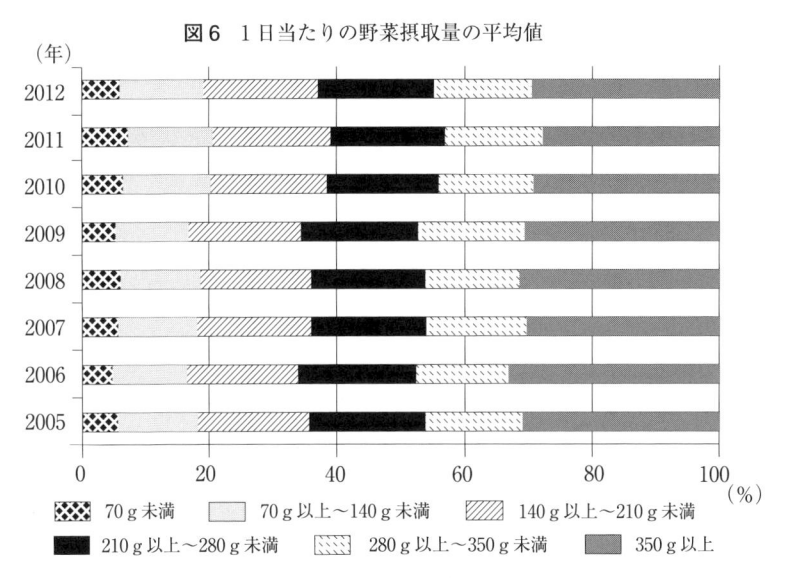

図6　1日当たりの野菜摂取量の平均値

出所：厚生労働省（2014）データを基に筆者が作成.

あり，減少している．

　食育への意識が高まっても，野菜摂取という形で改善の行動を取るには
至っていないようである．

　さらに，食育基本法の制定背景のうち，③生活習慣病に影響すると言わ
れる食塩の摂取について推移を観察する．2005年から2012年までの，1
日当たりの食塩摂取量の推移は，図7のとおりである．2005年から，毎
年微減しており，食習慣として食塩を制限することは，個人の日ごろの食
生活の一部として定着していることがうかがえる．

　個人の健康増進についての行動変容は，以上のとおりであるが，文化継
承のための行動変容を数値で示すのは，難しい．しかし，参考に，2014
年時点でのインターネット上でのレシピサイトにおける和食・郷土料理の
掲載数を示す．2005年当時は，このようなインターネットサイトは，今
ほど発展していなかったはずであり，現在との比較も難しいが，今後に比
較・研究する対象となり得ることを期待して，次にレシピ数を示す．

　インターネット上でレシピを誰でも無料で投稿でき，誰でも無料で閲覧
できる「クックパッド」(2014) は，投稿数1,709,190品（2014年4月30日
アクセス時点）で，日本最大級のレシピサイトである．

　この中で,「和風」のレシピを検索すると33,389品,「和食」,「日本料理」

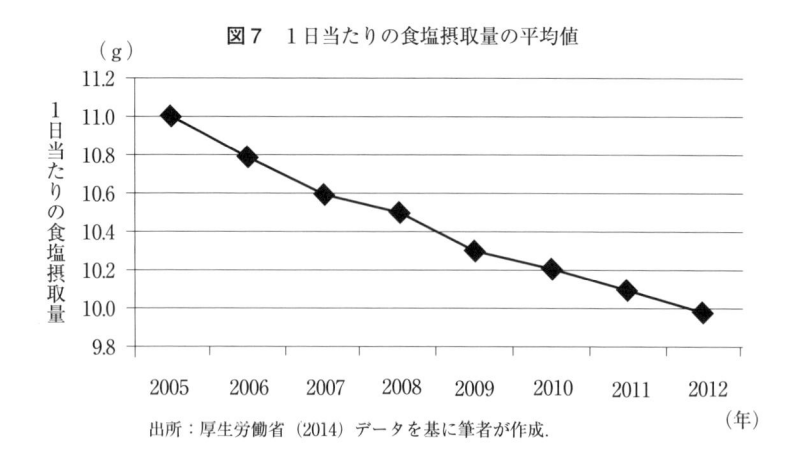

図7　1日当たりの食塩摂取量の平均値

出所：厚生労働省 (2014) データを基に筆者が作成．

または「日本食」では 17,611 品,「日本」4,095 品,「郷土料理」1,464 品が検出される.

　外国料理のレシピについては,「中華」,「中国」または「中華料理」27,737 品,「イタリアン」,「イタリア」または「イタリア料理」12,146 品,「韓国料理」または「韓国」9,453 品,「タイ」(鯛を除く)4,846 品(「タイ料理」では 2,122 品),「フランス」(パンやお菓子を含む)3,386 品,「フレンチ(ドレッシングなどを含む)」1,818 品,「フランス料理」393 品となっている.外国料理では中華料理が最も多いが,和風のレシピの方が多く,郷土料理についても一定の投稿がなされている.

お わ り に

　食文化の変容には善悪があるわけではないが,食育という視点からみたときは,一定の望ましい方向性がある.しかし,以上のとおり,食文化の変容を食育基本法の制定前後の 2005 年から現在における,食育に関する自治体および個人の変容から観察すると,すべての項目について改善の方向に変容したわけではなかった.

　国や自治体では,国民や地域における住民の食文化に関する意識の変容を図るため,自治体は食文化に関する行動の規範となる食育計画の策定に着手し,その作成率は非常に高まっている.食育推進計画を実施している行動変容の例として,食料自給率や米飯給食について観察したところ,食料自給率を増加させることは農業従事者を増やし,田畑を増やすか,栽培方法等を大きく見直すことが必要であるが,これらの実践に成功した自治体は少なく,また,食育推進計画を策定した自治体がこれらの実践について目覚ましい成果を上げたわけではなかった.しかし,米飯給食については,導入率が非常に高くなっており,実施回数も著しく増加していることから,日本型食事を生徒等に習慣づけることに大きく寄与していると言え

よう．

　個人の食文化に関する意識の変容については，食育の周知度・関心度共に 2005 年当時より非常に高まり，食にまつわる地域文化や伝統への関心や，地域には食文化が存在するとの意識も高まっている．個人の食文化に関する行動の変容については，野菜摂取量については改善が見られなかったが，食塩摂取量については改善が見られた．また，個人が気軽にアクセスできるインターネット上でのレシピサイトでは，和風の料理が多く登録され，家庭で多く作られていることがうかがえる．郷土料理についてのレシピも，一定数の登録があり，興味の対象となっていることはうかがえる．

　国の食育推進基本計画は，2011 年から 2015 年までの第 2 次（2 期目）の計画に入っており，今後も第 3 次の計画が策定されるであろう．2013 年 12 月には，「和食；日本人の伝統的な食文化」がユネスコ無形文化遺産に登録されたこともあり，ますます意識・行動が変容する可能性がある．さらに，インターネットや携帯端末の発展による情報の双方向からの受発信の容易さに起因する変容も見られるだろう．今後も，同様の検証を継続することにより，食文化がいかに変容し，食育がいかに推進されたかを評価していく必要があると考える．

参 考 文 献

安澤秀一，原田三郎（2002）『文化情報学―人類の共同記憶を伝える―』北樹出版

井之口章次（1958）『食料の種類』日本民俗学大系 6，生活と民族 1，平凡社

河合利光 編著（1995）『生活文化論―文化人類学の視点から―』建帛社

クックパッド（http://cookpad.com/　2014 年 5 月 5 日アクセス）

倉田紀子，倉田 澄子，倉田 忠男（2012）「体部位別重量測定システムによる 7 体部位重量の測定方法」『生体医工学』Vol. 50, No. 6, 637-644 頁

厚生労働省「国民健康・栄養調査」平成 17 年～ 24 年（http://www.e-stat.go.jp/ SG1/estat/GL08020103.do?_toGL08020103_&listID=000001118468&requestSender=dsearch　2014 年 5 月 5 日アクセス）

高田公理（2014）「和食の輪郭を描く」『食文化誌ヴェスタ』第 94 号，味の素食の文化センター，6-10 頁

内閣府「食育の推進に向けて―食育基本法が制定されました―」(http://www8. cao.go.jp/syokuiku/data/pamph/pdf/syoku_suisin.pdf　2014 年 5 月 5 日アクセス a)

内閣府「都道府県・市町村の食育推進計画の作成状況平成 25 年 3 月現在」(http:// www8.cao.go.jp/syokuiku/work/keikaku_sakusei. html　2014 年 5 月 5 日アクセス b)

内閣府「都道府県別市町村食育推進計画の作成状況平成 25 年 3 月現在」(http:// www8.cao.go.jp/syokuiku/work/sakusei.html　2014 年 5 月 5 日アクセス c)

内閣府「都道府県食育推進計画において数値目標として設定された主な目標」 (http://www8.cao.go.jp/syokuiku/data/whitepaper/2013/pdf/sanko01.pdf 2014 年 5 月 5 日アクセス d)

内閣府「食育に関する意識調査について」平成 17 年～ 26 年 (http://www8.cao. go.jp/syokuiku/more/research/syokuiku.html　2014 年 5 月 5 日アクセス e)

波平恵美子編 (2011)『文化人類学 (カレッジ版)』医学書院

農林水産省「平成 23 年度 都道府県別食料自給率について」(2014 年 5 月 5 日アクセス) http://www.maff.go.jp/j/zyukyu/zikyu_ritu/zikyu_10.html

文部科学省「学校給食実施状況等調査」平成 17 年～ 24 年 (https://www.e-stat. go.jp/SG1/estat/GL08020101.do?_toGL08020101_&tstatCode=000001016540&r equestSender=dsearch　2014 年 5 月 5 日アクセス)

松田素二 (2009)『日常人類学宣言！　生活世界の深層へ／から』世界思想社

馬淵東一．大井正，小川徹 (1978)『人類の生活―文化と社会―』社会思想社

Auner, R. (1994) "Are food avoidances maladaptive in the Ituri Forest of Zire?" J. Anthropol. Res. 50, pp. 277–310

Kurata, N., M.,Ohashi, and M. Hori, (2011) "On the Studies of the Disaster Recovery for the Restoration of Local Communities and Local Governments from the Great East Japan Earthquake" *Proceedings of CENTERIS 2011*, CCIS 219, Part 1 , Berlin & Heidelberg: Springer-Verlag, pp. 22–33

Kurata, N. and M. Ohashi, (2011) "On the Study of the Knowledge Management Platform for Long-term Reconstruction of Damaged Communities - Communities Damaged by Nuclear Power Plant Disaster-" *Proceedings of World Conference on E-Learning in Corporate, Government, Healthcare, and Higher Education 2011*, Chesapeake, VA: Association for the Advancement of Computing in Education, pp. 2580–2585

Kurata, N., Y., Kurata, and M. Ohashi, (2012) "Possibilities of Local Identity Platform: The Role of ICT to Pass Down Local Culture" *Proceedings of World Conference on E-Learning in Corporate, Government, Healthcare, and Higher Education 2012*. Chesapeake, VA: Association for the Advancement of Computing in Education, pp. 1719–1724

210

Kurata, N., M., Ohashi, and M., Hori, (in printing) "Local Communities Platform for Restoration of "Kizuna": Reconstruction of Human Bonds in Communities Damaged by Nuclear Disaster" *Enterprise Information Systems.* Hershey, PA: IGI Global

Sutton, D. (2001) *Remembrance of Repasts: An Anthropology of Food and Memory,* Oxford: Berg

あ と が き

　本叢書は，政策文化総合研究所の研究プロジェクト「日中における消費行動の変容に関する研究」（2012 年度，2013 年度）の研究成果を取りまとめた成果報告として計画された．

　2012 年度夏に上海復旦大学を中心とした研究調査を実施する予定であったが日中関係の悪化による研究会・調査等の中止を余儀なくされた．研究プロジェクトとして並行して研究する予定であった「東アジアの 4 ドラゴンズを中心とした社会の発展過程」を中心にして研究を実施した．研究の目標とした研究テーマは下記の 3 つである．

1. デジタル化や情報社会が人間行動にどの様な影響を与えているのか大震災や知識の形成過程などの現代社会の変容の基盤研究
2. 消費者行動モデルや消費行動における情報の認識やデジタル化の影響等に関する基礎的研究
3. 日本と東アジアとの情報特に Social Media の利用に関する比較研究

　研究成果は台湾の南台科技大学で開催された第 8 回，第 9 回 INTERNATIONAL CONFERENCE ON KNOWLEDGE-BASED ECONOMY AND GLOBAL MANAGEMENT 等の国際会議において発表した．

　また，海外において研究成果の発表と海外在住の人々と議論することを目的として研究プロジェクトの中で米国ニューヨークで Workshop を 2 回，ハワイ大学にて Workshop を 1 回開催した．この 2 つの Workshop は今後も継続して実施する予定である．

　ニューヨークでは，2013 年 2 月 6 日第 1 回の Workshop として「情報社会と人間行動の変容― Generation Y と Social Media ―」を JaNet 会館で現

地の日本人のコミュニティの人々の参加を得て開催し研究の総括講演と 2 本の研究発表および研究報告が行われた．20 世紀の工業化社会から脱工業化社会（消費社会）を経て 21 世紀の情報社会へと社会が急速に変容したことを確認し，これら現代社会の変容の中で人間行動の変化について 18 歳から 35 歳くらいの Generation Y の行動変化と Social Media によるコミュニケーションの変化を例示して消費行動などの人間行動にどのような影響があるのか日本だけでなく米国，中国など東アジアの国々との比較研究も紹介された．

第 2 回 Workshop は 2014 年 2 月 5 日「情報社会と人間行動の変容」ジャーナリズムとファッションに関する 2 本の基調講演と中央大学 FLP の学生による研究発表および米国 New Normal に関する総括講演が行われた．

研究に関して 2012 年 12 月フィンランドにおける集中セミナー "Contingency Management based on ICT"，2013 年 6 月南台科技大学における集中講義，"Social and Technical Issues of Infosocionomics Society" において発表を行うとともに本研究プロジェクトに関連するヒアリングとディスカッションを行った．

これらの研究プロジェクトの総括として 2014 年 3 月 5 日には，ハワイ大学マノア校 East-West Center で "1st International Workshop Transformation of human behavior under the influence of Infosocionomics Society" を政策文化総合研究所と情報社会学会の共催で開催し，Dr. Sylvia Yuen ハワイ大前副学長による基調講演と 4 本の原著論文と 3 本の研究ノートが発表された．この Workshop は中央大学国際センター Pacific Office を開設した記念行事の一環として実施された．

このハワイでの Workshop の成果は，その他の関連論文とともに論文集として発刊された．

本研究を遂行するに当たり研究員として研究に協力頂いた諸氏に感謝する

とともに，研究会や Workshop 開催に当たり協力頂いた諸氏にも感謝する．

　特に，ハワイ大での Workshop 開催に際してご尽力頂いた Dr. Sylvia Yuen，国際センター所長大村雅彦教授，中央大学理工学部樫山和男教授，ニューヨークでの Workshop 開催に尽力頂いた板越ジョージ氏，ニューヨーク白門会の皆様，台湾での国際会議参加および集中講義に際してご協力頂いた Te-Kuang Chou 教授，Finland でのセミナーにご尽力頂いた Reima Suomi 教授に記して深甚なる謝意を表する．

　また出版にあたっては，中央大学出版部に大変お世話になった．同じく記して深甚なる謝意を表する．

2014 年 12 月 24 日

大　橋　正　和

索　引

216

執筆者紹介（執筆順）

大橋 正和　研究員・中央大学総合政策学部教授

高橋 宏幸　研究員・中央大学経済学部教授

堀 眞由美　元客員研究員・白鷗大学経営学部教授

韓 正洲　準研究員・中央大学大学院総合政策研究科博士課程後期課程

朱 敏華　北京電通広告有限会社 上海支社シニアアシスタント

松野 良一　研究員・中央大学総合政策学部教授

陳 雪瑞　元準研究員・中央大学大学院総合政策研究科博士課程後期課程

角田 裕之　元客員研究員・鶴見大学文学部教授

倉田 紀子　客員研究員・中央大学総合政策学部兼任講師

現代社会の変容による人間行動の変化について
　　消費行動の変容を中心として
　　　　　　　中央大学政策文化総合研究所研究叢書18

2015 年 3 月 31 日　初版第 1 刷発行

編 著 者　　大 橋 正 和
発 行 者　　中 央 大 学 出 版 部
代表者　神 崎 茂 治

〒192-0393　東京都八王子市東中野 742-1
発行所 中 央 大 学 出 版 部
http://www2.chuo-u.ac.jp/up/
電話 042(674)2351　FAX 042(674)2354

© 2015　　　　　　　　　　　　　ニシキ印刷／三栄社
ISBN 978-4-8057-1417-1